A mão no fogo

Luiz Ruffato

A mão no fogo

Notas à margem da história da literatura brasileira

autêntica

EDITORAS RESPONSÁVEIS
Rejane Dias
Cecília Martins

REVISÃO
Cecília Martins
Helena Sifuentes

CAPA
Diogo Droschi
(Sobre imagem de Collective Offset/Adobe Stock)

DIAGRAMAÇÃO
Guilherme Fagundes

Dados Internacionais de Catalogação na Publicação (CIP)
Câmara Brasileira do Livro, SP, Brasil

Ruffato, Luiz
A mão no fogo : notas à margem da história da literatura brasileira / Luiz Ruffato. -- 1. ed. -- Belo Horizonte, MG : Autêntica Editora, 2025.

Bibliografia.
ISBN 978-65-5928-607-2

1. Literatura brasileira - História e crítica I. Título.

25-282035 CDD-B869.09

Índices para catálogo sistemático:
1. Literatura brasileira : História e crítica B869.09

Cibele Maria Dias - Bibliotecária - CRB-8/9427

GRUPO **AUTÊNTICA**

Belo Horizonte
Rua Carlos Turner, 420
Silveira . 31140-520
Belo Horizonte . MG
Tel.: (55 31) 3465 4500

São Paulo
Av. Paulista, 2.073, Conjunto Nacional
Horsa I . Salas 404-406 . Bela Vista
01311-940 . São Paulo . SP
Tel.: (55 11) 3034 4468

www.grupoautentica.com.br
SAC: atendimentoleitor@grupoautentica.com.br

Ofereço estas notas à margem
da história da literatura brasileira a
Eloésio Paulo
Rogério Pereira
Vinícius Ferreira
Claudio Galperin
Fernando Cesário
Iacyr Anderson Freitas

Os textos aqui reunidos foram publicados anteriormente (à exceção de "Alencar, fundador da literatura brasileira" e "Achegas para tentar compreender o silêncio que recaiu sobre Rosário Fusco"), porém aparecem agora revistos, refundidos, reelaborados.

"Júlia" saiu inicialmente em quatro edições do jornal *Rascunho* (outubro, novembro e dezembro de 2008 e janeiro de 2009), resumidamente na *Revista Brasileira* (número relativo a janeiro-fevereiro-março de 2018) e parcialmente como prefácio à edição de *A falência* (São Paulo: Cia das Letras, 2019). Agradeço a Ana Maria Machado a oportunidade de prestar homenagem a Júlia Lopes de Almeida, quando da inauguração do projeto Cadeira 41, da Academia Brasileira de Letras, em 2017.

"Lima Barreto contra os 'futuristas'" saiu no jornal *Rascunho* (dezembro de 2020), quando fazia pesquisas para o texto seguinte. Trata-se da correção da datação e interpretação de uma crônica de Lima Barreto, o que lança luzes para melhor compreender o desencontro entre o escritor carioca e os modernistas paulistas.

"No meio do caminho", sobre manifestações modernistas em Minas Gerais, Rio de Janeiro e Sul do país na década de 1920, foi publicado na belíssima edição *Modernismos: 1922-2022* (São Paulo: Cia das Letras, 2022), organizada por Gênese Andrade, a quem agradeço por ter me convocado para participar de tamanha empreitada.

"Revistas modernistas fora do eixo" nasceu de um projeto para o Instituto Itaú Cultural, executado em 2022, e faz um exaustivo levantamento de publicações modernistas aparecidas, ainda na década de 1920, no Norte e Nordeste do país.

"Maceió, 1930" saiu em duas edições do jornal *Rascunho* (julho e agosto de 2008). Este texto resgata a importância daquela cidade na configuração do chamado "Regionalismo de 30" e demonstra o equívoco de situar o movimento como desdobramento natural do modernismo de 1922.

"O progressista conservador", publicado no jornal *Cândido*, da Biblioteca Pública do Paraná (agosto de 2016), apresenta Graciliano Ramos como antimodernista e problematiza sua filiação ao chamado "regionalismo". Esse texto foi posteriormente publicado no plaquete bilíngue *Ensaios sobre Graciliano Ramos. Essays über Graciliano Ramos* (Brasília: Instituto Guimarães Rosa; Fundação Alexandre de Gusmão, 2023). Além disso, as mesmas ideias foram expostas na entrevista "Reflections on Graciliano Ramos" (*Graciliano Ramos and the Making of Modern Brazil: Memory, Politics and Identities*. Cardiff: University of Wales Press, 2017), organizado por Sara Brandellero e Lucia Villares.

"Um sertão fora do tempo e do espaço" tenta demonstrar a incorreção de tratar Guimarães Rosa como autor realista ou, mais ainda, "regionalista", quando sua literatura busca uma transcendência cósmica. Esse texto é capítulo do livro *Tertúlia: o autor como leitor*, organizado por Thiago Novaes (São Paulo: Edições SESC, 2013). Segue-lhe um apêndice – "A recepção de *Grande sertão: veredas*", publicado no jornal *Rascunho* (junho de 2021) –, recolha de críticas negativas por ocasião do lançamento do romance de Guimarães Rosa, em 1956.

"Antologias", publicado em duas edições do jornal *Rascunho* (maio e junho de 2008), aborda a formação do cânone da literatura brasileira, por meio de antologias de contos, desde a primeira, de 1922, até os três volumes enfeixados em *Contos e novelas*, selecionados por Graciliano Ramos e lançados postumamente em 1957. Além disso, discute, pormenorizadamente, as escolhas dos 24 melhores contos brasileiros feitas por Mário de Andrade, em 1938, que redundaram no livro *Mário de Andrade: Seus contos preferidos* (Rio de Janeiro: Tinta Negra, 2011), organizado por mim.

Finalmente, os dois textos inéditos:

"Alencar, fundador da literatura brasileira" credita ao romancista cearense o papel de, sozinho, ter indicado todos os caminhos que a literatura brasileira iria trilhar posteriormente, além de ter se batido pela adoção de uma língua nacional – teses que seriam abraçadas mais tarde por Mário de Andrade.

"Achegas para tentar compreender o silêncio que recaiu sobre Rosário Fusco" analisa os descaminhos percorridos pelo romancista mineiro, lembrado por Antonio Candido como introdutor do surrealismo no Brasil, que, de menino-prodígio na década de 1920, tornou-se autor maldito, morrendo anônimo em 1977. Para além de nunca ter sido perdoado por sua pública bajulação a Getúlio Vargas – que, de fato, lhe proporcionou sinecuras –, o silêncio estabelecido sobre seu nome pode estar ligado à dificuldade de situar sua obra no contexto da literatura brasileira.

L.R.

PREFÁCIO

Apneia crítica

Pedro Meira Monteiro

Há neste livro um ar de prosa solta. Mas o que temos, de fato, são mergulhos verticais em autores e grupos literários. Alguns mergulhos são mais rápidos, outros um pouco mais demorados, mas sempre com a respiração presa, tentando observar o que descansa ou se agita sob a superfície dos textos.

Começamos com José de Alencar, jogado entre, de um lado, os modelos românticos mais ou menos açucarados com que cresceu e se tornou escritor e, de outro lado, aquele Balzac que, mundo afora, instava autores a compor seus próprios grandes painéis do que seria a sociedade de seu tempo e lugar. Inevitável que qualquer retrato carregue ideologia, mas é bonito ver, pelas lentes de Ruffato, como Alencar vai tecendo quase todos os fios que dariam sustentação a projetos literários diversos, século XX adentro, formando aquilo que se poderia chamar, canonicamente, de literatura brasileira.

Seguimos com Júlia Lopes de Almeida, cujo lugar ainda disputado no quadro da tal "literatura brasileira" mostra como o que é literário – e que como tal mereceria ser lembrado e criticado – é sempre matéria controversa. "Júlia", como a chama Ruffato, era dona de uma ousadia possível, naquele momento em que, no longo pós-abolição que caracteriza as primeiras décadas da República, muito pouco cabia às mulheres no plano da produção escrita. Ainda assim, a autora ia tecendo, em paralelo aos autores que depois se celebrizariam nas histórias literárias, o painel desigual de um Brasil visto por uma mulher branca e burguesa que negociava arduamente os limites do que lhe era dado ver e dizer.

O rápido mergulho em Lima Barreto mal esconde a paixão do autor deste livro pelo criador do Policarpo Quaresma. A datação, finalmente corrigida por Ruffato, de uma crônica em que Lima desbanca o autor português Antônio Ferro, permite entender um pouco melhor o Fla-Flu literário que atravessou quase intacto o século XX e só começaria a ser desbaratado e relativizado nos últimos anos. Refiro-me à forma como Lima Barreto foi violentamente retirado do palco daquilo que, por muito tempo, chamou-se de modernismo no Brasil. Um modernismo paradoxalmente canonizado, associado com fervor a autores que recepcionaram as vanguardas europeias quase que exclusivamente a partir de São Paulo. A correção histórica da injusta má vontade dos "modernistas" em relação a Lima ganha aqui um belo capítulo, por meio do qual aprendemos que as simpatias e o círculo de consagração do autor carioca estão distantes daquilo que, com bastante exclusivismo e uma dose considerável de preconceito, autores como Mário de Andrade consideravam ser o marco zero na corrida por um lugar à sombra da literatura de relevância no mundo de então.

É nesse movimento incessante, tirando e pondo os autores em certas linhagens, que Ruffato se compraz, para mostrar como as classificações podem muitas vezes obscurecer, mais que revelar. O capítulo "No meio do caminho", a propósito, trata de mostrar como o modernismo jamais foi exclusivamente paulista.

No caso do Rio de Janeiro, é curioso que o debate sobre as novidades estéticas se desse sob a égide de um construtivismo nacionalista, de viés católico, que aliás representa um dos grandes imbróglios dentro daquilo que, convencional e canonicamente, tem-se chamado de modernismo no Brasil. Trata-se, no caso, da contradição entre a necessidade de construir e planejar e, em outro extremo, a entrega a tendências diluidoras do eu, com forte aceno ao inconsciente e ao automatismo.

Já em Belo Horizonte, um jovem Carlos Drummond de Andrade via-se ensanduichado entre a curiosidade pelas novidades, de um lado, e as tendências conservadoras que regulavam a circulação impressa mineira, de outro. Mas Minas é muito mais, e aí surge a figura singular de Rosário Fusco e a revista *Verde*, publicada em Cataguases e espaço de experiências textuais ousadas para a época. Também Itanhandu e Ubá figuram nesse pouco lembrado circuito da literatura moderna no Brasil, que Ruffato traz à luz junto ao problemático e racista "crioulismo" do grupo de Achilles Vivacqua. O capítulo se estende ao Rio Grande do Sul e às tensões e aproximações entre regionalismo e modernismo, que marcam a revista *Madrugada*, de Porto Alegre, e que mais tarde se consolidariam nas publicações, em revista ou livros, da Editora Globo. Por fim, completando o quadro sulino, Paraná e Santa Catarina aparecem mais timidamente, com iniciativas renovadoras ainda assim importantes, que surgiriam só a partir da década de 1940.

Seja como for, é importante notar como as agendas conflituosas desses vários e disputados modernismos dariam carne às diretivas que, a partir de 1930, prevaleceriam no plano das políticas públicas voltadas para a cultura na era Vargas. Porém, é especialmente desde a década anterior que a literatura dita moderna ia sendo gestada, a partir de contextos históricos e ideológicos que Ruffato resgata, sempre evitando, contudo, o tom conclusivo das "histórias literárias". Por essa mesma razão, ele chama a atenção para inúmeras revistas produzidas fora do eixo Rio-São Paulo, em texto panorâmico originalmente produzido para a *Enciclopédia Itaú Cultural*. Ou então, em ponto pequeno, apresenta-nos hipóteses que desvinculam o chamado "regionalismo" do impulso "modernista", normalmente atribuído aos preceitos que guiaram a Semana de Arte Moderna de 1922 em São Paulo.

"Maceió, 1930" é outro ponto importante no traçado deste livro que, apesar de ser composto por textos escritos em momentos e com intenções diferentes, não deixa de ter sua unidade. Toda uma constelação circula no ensaio, e são algumas de suas estrelas – José Lins do Rego, Jorge de Lima e Graciliano Ramos – que se destacam, por terem vivido e criado um verdadeiro torvelinho de novas ideias originalmente discutidas, por exemplo, nos bares da capital alagoana. É significativo que, ao final, por vontade própria ou não, tais estrelas iriam dissolver-se na paisagem do Rio de Janeiro dos meados da década de 1930. Todas elas tendo Gilberto Freyre como seu guia e "sucessor ideológico de Franklin Távora", assim como Mário de Andrade teria retomado as "ideias de José de Alencar" em seu grande projeto literário nacionalista. Modernistas e modernos, diferentes mas aparentados, organizavam-se em torno de equações estético-políticas que, por mais novas que pudessem querer parecer, inscreviam-se nas linhagens sempre em disputa da literatura brasileira, apontando para dilemas desenhados pelo menos desde o século XIX.

Afastando-se do modernismo, mas também do regionalismo, Graciliano é um autor cuja dívida com a literatura do século XIX (sobretudo Eça) faz-se evidente, nos estudos de Ruffato. Mais que desvendar o meio ou a paisagem, interessava, ao autor de *São Bernardo*, o mergulho profundo na psicologia de entes que, humanos ou não, entrariam para a galeria dos grandes personagens da literatura brasileira. "Progressista conservador" é o título do capítulo. Com tal expressão, o autor dá uma piscadela em nossa direção, fazendo-nos notar o quanto a seta evolutiva das inovações estéticas esconde sua própria dialética, feita de superações intrincadas e regressos inesperados a fontes do passado. Nada é o que parece quando visto da superfície; daí, justamente, a necessidade desses vários mergulhos.

Guimarães Rosa ocupa espaço importante também, e a interpretação do autor de *Grande sertão: veredas* parte de uma hipótese: Rosa não teria deixado que o seguissem, salvo talvez alguns epígonos. Fugindo a um realismo que trabalha pela individuação, seus personagens seriam modelares, assim como a paisagem que, apesar de reconhecível, tende ao mítico e à transcendência (afinal, como sabem os leitores de Rosa, o sertão está em toda parte). Trata-se de um tempo sem tempo, num lugar transcendente que foge à camisa de força que uma definição estrita do "regionalismo" imporia a muitas obras do período.

As "Achegas para o entendimento do silêncio que recaiu sobre Rosário Fusco" na compreensão da literatura brasileira abre, por sua vez, a complexa questão da justaposição entre o plano totalizante da ideologia varguista e as manifestações literárias a partir da década de 1930. Assim, o autor de Cataguases (refiro-me a Fusco, embora Ruffato seja seu conterrâneo) situa-se na incômoda prateleira dos autores esquecidos. Suas adulações a Getúlio Vargas, durante o Estado Novo, parecem ter selado seu lugar à margem do interesse da crítica, que tampouco compreende a força de sua ousadia estética, a qual aponta para um surrealismo praticado com vigor único.

O livro que o leitor tem em mãos está clamando pela atenção àquilo que fica de fora do caminho consagrado da literatura brasileira, com suas histórias e seus pressupostos de uma evolução orgânica das letras. Ruffato procura pedras no meio do caminho da história literária, mas não porque se restrinja tão somente a autores esquecidos. Muitos dos autores estudados aqui são amplamente consagrados. No entanto, a pergunta lembra a historicidade da própria crítica literária:

por que foram consagrados? E as eventuais razões de sua consagração bastam para entender sua produção literária?

Não à toa, este livro termina com uma reflexão sobre antologias, mais especificamente antologias de contos publicadas entre as décadas de 1920 e 1950. E termina, aliás, com uma afirmação secante e fundamental: a antologia "continua sendo um dos mais importantes e eficazes meios de fazer política literária".

Resta lembrar que os mergulhos críticos enfeixados neste livro, em fôlego único, são prova da sensibilidade de um autor que merece também lugar de destaque na produção literária contemporânea. Nesse sentido, pode ser de grande proveito crítico propor um jogo de perspectivas a quem leia *A mão no fogo*: onde localizar as fontes do próprio Ruffato, suas preferências e rejeições, como autor de ficção e de crônicas? Onde localizá-lo, no desenho nem sempre claro da literatura brasileira, com suas margens sempre cambiantes e passíveis de novos olhares?

Alencar, fundador da literatura brasileira

Ainda na década de 1960, discutia-se qual o maior escritor brasileiro, se José de Alencar, se Machado de Assis, ambos defendidos com ardor por leitores e especialistas. Com o tempo, cresceu o prestígio do autor de *Dom Casmurro* – sua complexa obra, cada vez mais estudada no Brasil e no exterior, vinha, pouco a pouco, alçando alturas impensáveis, assegurando-lhe o legítimo lugar no panteão da literatura universal –, enquanto a fama do autor de *Iracema* decaía.

Parece que quem melhor compreendeu a importância de Alencar foi justamente Machado de Assis. Em diversas ocasiões, o escritor carioca discorreu sobre a obra do colega mais velho, de quem afirmava "nenhum escritor teve em mais alto grau a alma brasileira"[1] e para quem predizia que, contra a "conspiração do silêncio", trabalhava por ele a "conspiração da posteridade".[2] Vaidoso, rancoroso e contraditório, Alencar, sozinho, indicou os caminhos possíveis para a literatura ulterior, em temas e linguagem – só tendo

---

[1] Machado de Assis, Joaquim Maria. A estátua de José de Alencar. In: *Páginas recolhidas*. Rio de Janeiro; Belo Horizonte: Garnier, 1990, p. 86.

[2] Machado de Assis, Joaquim Maria. Exa. O sr. Conselheiro José de Alencar. In: *Obra completa em quatro volumes*. v. 3. Rio de Janeiro: Nova Aguilar, 2008, p. 1176.

equivalente em Mário de Andrade, que pontificou na primeira metade do século XX.

Nascido em 1829, em Messejana, hoje bairro de Fortaleza, José Martiniano de Alencar era o primogênito da união entre o padre José Martiniano Pereira de Alencar e a prima Ana Josefina – o casal teve mais sete filhos. Sempre às voltas com tramas políticas, o padre Martiniano descendia de uma família tradicional do Ceará, tendo participado de diversos episódios da história brasileira, como a Confederação do Equador e o "golpe da maioridade", que conduziu D. Pedro II ao trono do Império com apenas 14 anos. Exerceu ainda a presidência da província do seu estado natal e foi senador.

Parece que o interesse de Alencar pela literatura nasceu no período em que lia para a mãe e amigas "não somente as cartas e os jornais, como os volumes de uma diminuta livraria romântica formada ao gosto do tempo", conforme afirma em sua autobiografia intelectual *Como e porque sou romancista.*[3] Segundo ele, a primeira aproximação com as letras deu-se por meio das charadas, que lhe teriam alimentado o "dom de produzir a faculdade criadora".[4] Ainda na adolescência, tentou um poema heroico sobre a Confederação do Equador e um romance histórico, *Os contrabandistas*.

Mas, acredito, o momento fundamental da aprendizagem ocorreu quando de sua passagem por São Paulo, para onde havia se mudado para estudar Direito: o contato com a obra de Honoré de Balzac. Além de uma consequência imediata, a de renunciar aos romances que andava rascunhando – cheios de "mistérios e pavores" –, houve outra, muito mais importante, que reverberaria no futuro: a influência do autor francês. Penso que a elaboração que

---

3 Alencar, José de. (1893). *Como e porque sou romancista.* Rio de Janeiro: Francisco Alves Editora, 1995, p. 20.

4 *Idem*, 1995, p. 24.

tentou Alencar, a de um amplo painel da nação brasileira, encontra-se intimamente ligada à concepção balzaquiana d'A Comédia Humana, que, em seus quase cem romances e contos, buscou abarcar os mais diversos aspectos da vida francesa na primeira metade do século XIX.

Há diferenças evidentes, claro. A mais vistosa é a de que Balzac, escrevendo sobre a nascente sociedade burguesa, ao esmiuçar o frenesi do capitalismo e suas consequências na vida dos indivíduos, assentava-se em toda uma vasta história literária anterior. Já Alencar, vivendo em um país jovem, rural e escravocrata, necessitava edificar uma tradição, partindo do nada. E, para isso, recorreu principalmente ao modelo similar estadunidense, Fenimore Cooper, autor de *O último dos moicanos*, e ao escritor escocês Walter Scott, autor de *Ivanhoé*, numa estranha, porém funcional, mistura de realismo contemporâneo (Balzac) e romantismo ultrapassado (Cooper e Scott).

Em fins de 1847, o padre Martiniano, então senador, refugia-se no sítio Alagadiço Novo, em Messejana, para cuidar da saúde. Alencar resolve passar as férias escolares perto do pai, redescobre as paisagens da infância e, então, confessa: "uma coisa vaga e indecisa, que devia parecer-se com o primeiro broto d'*O Guarani* ou de *Iracema*, flutuava-me na fantasia".[5] No entanto, demoraria muito para que esses romances se consubstanciassem: *O Guarani* lançou-o dez anos mais tarde; *Iracema* aguardaria ainda vinte e dois anos. Em Messejana, Alencar toma uma decisão: transfere o curso de Direito para Olinda (PE) e enfia-se na biblioteca do convento de São Bento, onde esboça duas novelas de cunho histórico, *O ermitão da Glória* e *A alma de Lázaro*, que comporiam, junto com *O Garatuja*, o volume *Alfarrábios*, publicado apenas em 1873, e onde contrai tuberculose, doença que o carregaria para a

[5] *Ibidem*, p. 33.

morte. De volta a São Paulo, forma-se em 1850 na Faculdade do Largo de São Francisco e transfere-se, em definitivo, para o Rio de Janeiro, onde impregna-se de literatura romântica e advoga por quatro anos.

Seguindo os passos do pai, Alencar namora a política, via jornalismo, estreando em 1854 nas páginas do *Diário do Rio de Janeiro*. No mesmo ano, muda-se para o concorrente *Correio Mercantil*, encarregado da seção "Páginas Menores", onde assina as crônicas de *Ao correr da pena* e inclina-se para as polêmicas – seriam muitas ao longo de sua curta vida. Cerca de um ano depois, abandona o jornal, em protesto contra a censura imposta a um de seus escritos, em que comparava uma lista de subscritores da Estrada de Ferro D. Pedro II ao "livro negro da polícia",[6] marcando o rompimento tácito com o Imperador. Em 1856, adquire o decadente *Diário do Rio de Janeiro* e, redator-chefe, publica, em "meia dúzia de folhetins", aquele que se tornará seu primeiro livro impresso, a novela *Cinco minutos*. No ano seguinte, entre fevereiro e abril, escreve outro folhetim, *O Guarani*, lançado em volume em dezembro.

Embora sucesso de público, Alencar reclama, como faria até o fim da vida, da pouca atenção da imprensa a seus trabalhos. Em 1862 surge *Lucíola*, romance urbano, o primeiro dos chamados "perfis de mulher". *Diva*, publicado em 1864, foi, conforme o autor, "o primeiro que recebeu hospedagem da

---

[6] A lista de subscrição ocupou a primeira e a segunda páginas do *Correio Mercantil* de 3 de julho de 1855. O afastamento de Alencar foi noticiado na primeira página, cinco dias depois: "O nosso collega, o Sr. Dr. Alencar, declarou-nos que não podia continuar a redigir o *Correr da Penna*. A redacção do *Correio Mercantil* não póde significar melhor o pezar que sente pela cessação de tão dedicados e espirituosos artigos, do que declarando-o neste logar, e dando ao Sr. Dr. Alencar agradecimentos cordiais pelos bons serviços que lhe prestou". (Cf. números 182 e 187 do *Correio Mercantil*.)

imprensa diária e foi acolhido com os cumprimentos banais da cortesia jornalística".[7] O reconhecimento que não angariava da imprensa obteve-o cinco anos mais tarde, ao publicar *Iracema*:

> De todos os meus trabalhos deste gênero nenhum havia merecido as honras que a simpatia e a confraternidade literária se esmeraram em prestar-lhes. Além de agasalhado por todos os jornais, inspirou a Machado de Assis uma de suas mais elegantes revistas bibliográficas.[8]

Em fins de 1857, Alencar tomou como tarefa criar uma dramaturgia nacional – em apenas três meses estrearam três comédias suas. A primeira, *Rio de Janeiro: verso e reverso*, aparecida anonimamente em 28 de outubro, encontrou as cadeiras do Ginásio Dramático vazias, mas a propaganda boca a boca transformou-a em sucesso de público. Encorajado, em 5 de novembro pôs em cena *O demônio familiar* – novo sucesso, desta vez também de crítica, tendo Machado de Assis entrevisto no desfecho um "protesto contra a instituição do cativeiro".[9] À boa aceitação desses trabalhos seguiu-se o malogro de *O crédito*, sobre o nascente mercado financeiro, que, estreando em 19 de dezembro, contou com apenas duas outras representações. Frustrado, Alencar anunciou o encerramento precoce de sua carreira com *As asas de um anjo*. A peça, levada ao palco em 30 de maio de 1858, teve uma segunda representação em 3 de junho e uma terceira em 17 de junho, quando acabou proibida por "evidentemente imoral" – o público indignou-se contra uma cena em que

---

7 Alencar, *op. cit.*, p. 44.

8 *Idem*, 1995, p. 45.

9 Machado de Assis, Joaquim Maria. O teatro de José de Alencar (1866). In: *Obra completa em quatro volumes*. Vol. 3. Rio de Janeiro: Nova Aguilar, 2008, p. 1137.

Carolina, a heroína, aparece assediada pelo pai bêbado, que tenta possuí-la à força.

Dois anos se passaram até o escritor retornar, anonimamente, com *Mãe*, em março de 1860, sobre o qual escreveu Machado de Assis:

> Se ainda fosse preciso inspirar ao povo o horror pelas instituições do cativeiro, cremos que a representação do novo drama do Sr. José de Alencar faria mais do que todos os discursos que se pudessem proferir no recinto do corpo legislativo.[10]

Considerado, na época, o mais importante dramaturgo brasileiro, pela crítica e pelo público, Alencar foi convidado por João Caetano, o maior ator daquele tempo, a escrever uma peça a ser encenada no dia 7 de setembro de 1861 no Teatro São Pedro de Alcântara. O escritor então ofereceu-lhe *O jesuíta* – história de Samuel, um religioso que se disfarça de médico para arquitetar a Independência do Brasil –, mas João Caetano a recusou, irritando profundamente o autor. O drama só viria a ser encenado em setembro de 1875 e foi retumbante fracasso.

No prefácio a *Sonhos d'ouro*, de 1872, intitulado "Benção paterna", Alencar classifica, retrospectivamente, sua obra escrita até então, reivindicando para si, com absoluta consciência, papel determinante e solitário na criação da literatura nacional.[11] Segundo ele, o "período orgânico" da literatura brasileira já contava três fases:

> - A primitiva, que se pode chamar aborígene, são as lendas e mitos da terra selvagem e conquistada; são as tradições

---

[10] *Idem*, 2008, p. 1139.

[11] Alencar, José de. (1872). *Sonhos d'ouro: romance brazileiro (Tomo I)*. Rio de Janeiro: B. L. Garnier, 1872. p. V-XIX.

> que embalaram a infância do povo e ele escutava como o filho a quem a mãe acalenta no berço com as canções da pátria, que abandonou.
>
> [*Iracema* corresponderia a esse momento.]
>
> - O segundo período é histórico: representa o consórcio do povo invasor com a terra americana, que dele recebia a cultura, e lhe retribuía nos eflúvios de sua natureza virgem e nas reverberações de um solo esplêndido. // Ao conchego desta pujante criação, a têmpera se apura, toma alas a fantasia, a linguagem se impregna de módulos mais suaves, formam-se outros costumes, e uma existência nova, pautada por diverso clima, vai surgindo. [...] Esse período colonial terminou com a independência.
>
> [A essa etapa pertenceriam *O Guarani* e *As minas de prata*.]
>
> - A terceira fase, a infância de nossa literatura, começada com a independência política, ainda não terminou [...] onde não se propaga com rapidez a civilização, que de repente cambia a cor local, encontra-se ainda em sua pureza original, sem mescla, esse viver singelo de nosso país, tradições, costumes e linguagem, como um sainete todo brasileiro.
>
> [*O tronco do ipê*, *Til* e *O gaúcho* representariam esse período.]

Há ainda um quarto momento:

> Nos grandes focos, especialmente na Corte, a sociedade tem a fisionomia moderna, vaga e múltipla, tão natural à idade da adolescência. É o efeito da transição que se opera, e também do amálgama de elementos diversos.

Dessa luta "entre o espírito conterrâneo e a invasão estrangeira" nasceram *Lucíola*, *Diva*, *A pata da gazela* e *Sonhos d'ouro*.

Os quatro caminhos que Alencar aponta são hoje, apesar de alguma controvérsia, reclassificados da seguinte maneira:

Indianismo: *O Guarani*, *Iracema* e *Ubirajara*;

Históricos: *As minas de prata*, *Alfarrábios* e *A Guerra dos Mascates*;

Sertanismo: *O gaúcho*, *O tronco do ipê*, *Til* e *O sertanejo*;

Urbanos: *Cinco minutos*, *A viuvinha*, *Lucíola*, *Diva*, *A pata da gazela*, *Sonhos d'ouro*, *Senhora* e *Encarnação*.[12]

A literatura programática de Alencar daria frutos e orientaria os temas e ideias dos autores que o sucederam. O cerne do Indianismo (que ele chamava de "fase primitiva"), uma adaptação da corrente medievalista europeia, iria reaparecer, de maneira diversa, mas reconhecível, como mito fundador, em pelo menos três documentos de balizamento do ideário modernista: o "Manifesto da Poesia Pau-Brasil", de 1924, o "Manifesto Antropófago", de 1928, ambos encabeçados por Oswald de Andrade, e o "Manifesto Nhengaçu Verde-Amarelo", de 1929. Cada um, à sua maneira, pregava uma volta ao primitivismo – os dois primeiros de sentido vanguardista, o último de molde conservador. Além disso, essa mesma diretriz conduz dois longos poemas modernistas, *Martim Cererê* (1928), de Cassiano Ricardo, e *Cobra Norato* (1931), de Raul Bopp, além de comparecer, de forma alargada, complexa e sofisticada, no romance de Mário de Andrade *Macunaíma* (1928).[13]

---

12 Publicado em folhetins no *Diário Popular*, do Rio de Janeiro, entre 1° de julho e 1° de agosto de 1885, editado postumamente em 1893.

13 Evidentemente, já havia, antes de José de Alencar, uma forte corrente indianista na literatura brasileira (Gonçalves Dias, como exemplo), mas, com certeza, a sistematização do conceito, e, portanto, a possibilidade de influenciar os pósteros, é mérito do escritor cearense (cf. Ferreira, Maria Celeste. *O Indianismo na literatura romântica brasileira*. Rio de Janeiro: Departamento de Imprensa Nacional, 1949).

O sertanismo – os enredos rurais alencarianos – vai se desdobrar no que se convencionou chamar de "regionalismo". Precedido por Bernardo Guimarães (*O ermitão de Muquém* e *O garimpeiro*) e contemporâneo do Visconde de Taunay (*Inocência*), Alencar teria como grande adversário Franklin Távora, que reivindicava para o "Norte" (entendido aqui como Nordeste) o caráter infenso às influências estrangeiras e, portanto, mais genuinamente brasileiro e único a merecer tal epíteto.[14] Alencar mapeou o Brasil, publicando *O gaúcho* (extremo Sul), *O tronco do ipê* (Centro) e *O sertanejo* (Nordeste), todos idealizando paisagens, hábitos e costumes. Távora, já contaminado por ideias cientificistas, estudava o homem em seu meio, rude e violento, em romances como *O Cabeleira* (1876) e *Lourenço* (1878).

Mas foi o conceito alencariano de um regionalismo amplo (ou seja, abarcando todas as partes do país) que se sobrepôs. Na virada do século, surgiram J. Simões Lopes Neto no Sul, Afonso Arinos e Valdomiro Silveira no Centro, Inglês de Souza no Norte e Domingos Olímpio e Manuel de Oliveira Paiva no Nordeste. Aliás, será nesta região de Távora, tragicamente marcada por secas sazonais, luta pela terra, fanatismo político e religioso, que medrará, ao longo da primeira metade do século XX, a geração que deu alguns de nossos maiores escritores: Graciliano Ramos, Rachel de Queiroz, Jorge Amado e José Lins do Rego.

Já a corrente urbana alencariana, realista, bebida em Balzac "poema da vida real",[15] iria inspirar ninguém menos que Machado de Assis. Os romances machadianos, os da primeira fase, mostram clara influência de Alencar, e esse sentimento de dívida para com o colega mais velho

---

14 Távora, Franklin. (1871-1872). *Cartas a Cincinato*. Campinas: Editora da Unicamp, 2011.

15 Alencar, 1995, p. 29.

– "modelo que serve e fortifica" –,[16] Machado de Assis fez questão de reconhecer publicamente em várias oportunidades.[17] Quando da fundação da Academia Brasileira de Letras, em 1897, escolheu Alencar para patrono da cadeira n.º 23, a qual ocupou, e, depois, pleiteou, com insistência, a candidatura de Mário de Alencar, filho do amigo, que, mesmo não tendo obra de relevância, acabou eleito em 31 de outubro de 1905 para a cadeira n.º 21, antes ocupada por José do Patrocínio.[18]

Além de pautar tematicamente a literatura brasileira, Alencar reivindicou a incorporação de uma língua nacional para melhor descrever nossas paisagens e para melhor expressar os nossos sentimentos, antecipando-se, assim, em cinquenta anos, aos modernistas de 1922. Ao final do prefácio a *Sonhos d'ouro*, o escritor provoca: "O povo que chupa o caju, a manga, o cambucá e a jabuticaba pode falar uma língua com igual pronúncia e o mesmo espírito do povo que sorve o figo, a pera, o damasco e a nêspera?".[19] Já no pós-escrito à segunda edição de *Diva*, de 1865, Alencar argumenta, com brilhantismo, e uma contemporaneidade impressionante:

---

[16] Machado de Assis, Joaquim Maria. Carta a Mário de Alencar (1 de janeiro de 1898). In: *Obra completa em quatro volumes*. Vol. 3. Rio de Janeiro: Nova Aguilar, 2008, p. 1365.

[17] Aliás, a admiração era recíproca. Alencar, ao apresentar o poeta Castro Alves ao público da Corte, o faz por meio de carta aberta a Machado de Assis, quando chama o jovem colega de "primeiro crítico brasileiro". Machado de Assis, Joaquim Maria. Um poeta. *Correio Mercantil*, Rio de Janeiro, 22 fev. 1868. Literatura, p. 2.

[18] O filho de José de Alencar foi o primeiro a coligir a obra teatral e as crônicas de Machado de Assis, ainda em 1910, e é admirável o afeto demonstrado nas cartas trocadas entre os dois. Machado de Assis, Joaquim Maria. V. Correspondência. In: *Obra completa em quatro volumes*. Vol. 3. Rio de Janeiro: Nova Aguilar, 2008. p. 1345-1426.

[19] Alencar, 1872, p. XIX.

> [o autor deste volume] entende que sendo a língua instrumento do espírito não pode ficar estacionária quando este se desenvolve. [...] Criar termos necessários para exprimir os inventos recentes, assimilar-se aqueles que, embora oriundos de línguas diversas, sejam indispensáveis; e sobretudo explorar as próprias fontes, veios preciosos onde talvez ficaram esquecidas muitas pedras finas; essa é a missão das línguas cultas e seu verdadeiro classicismo.[20]

As questões do vernáculo e da literatura nacional consumiram muito de seu tempo – assim como absorveria o de seu interlocutor privilegiado, Mário de Andrade. Quando, por exemplo, em 1929, Mário de Andrade afirma, "o que eu escrevo é língua brasileira pelo simples fato de ser a língua minha, a língua do meu país, a língua que hoje representa no mundo muito mais o Brasil que Portugal",[21] está repetindo quase *ipsis litteris* a pregação de Alencar. O cearense iria tratar do tema nas *Cartas sobre a Confederação dos Tamoios*; no pós-escrito a *Diva*; no longo pós-escrito da segunda edição de *Iracema*; no prefácio a *Sonhos d'ouro*; na autobiografia *Como e porque sou romancista*; no artigo "Questão filológica"; na longuíssima polêmica travada em 1875 com Joaquim Nabuco, nas páginas de *O Globo*; na *Questões do Dia*, em que enfrentou Franklin Távora e José Feliciano de Castilho.

Em dezembro de 1877, aos 48 anos, José de Alencar morria, no Rio de Janeiro. Ao cemitério de São Francisco Xavier, onde foi enterrado, compareceram "cinquenta pessoas no máximo", deplorou Machado de Assis. "Será que passarei à posteridade?" – angustiava-se o escritor, ao final da vida. O tempo mostrou que sim.

---

[20] Alencar, José de. *Diva*. 6. ed. São Paulo: Ática, 1995, p. 85.

[21] Andrade, Mário de. Cartas a Manuel Bandeira. In: Pinto, Edith Pimentel. Seleção e Apresentação. *O Português no Brasil: textos críticos e teóricos. Volume II: 1920-1945 – Fontes para a teoria e a história.* São Paulo: Edusp, 1981, p. 147.

Júlia

O maior ensinamento que talvez possamos extrair das pesquisas em Física seja o de desmontar, ao longo dos séculos, a noção de "verdade absoluta". A cada novo avanço que esse ramo do conhecimento traz a respeito da constituição do Universo e das leis que o regem, caem por terra afirmações definitivas e surgem novas teorias que, futuramente, poderão ser também rechaçadas. Se isso ocorre no âmbito de uma ciência denominada exata, a tendência é a de que pensássemos que, no campo em que ela não o é, ou seja, onde depende exclusivamente da falibilidade do julgamento humano, deveria haver revisões periódicas das proposições dadas como certezas. Não é, entretanto, o que ocorre. Tomemos, por exemplo, o cânone literário. Imersos numa discussão que inclui valores atrelados ao poder acadêmico, e que não podem ser aferidos experimentalmente, os especialistas e críticos costumam contribuir para cristalizar argumentos e subscrever apreciações, seja por sujeição a interesses de grupos, seja por mera ignorância. Daí a rara prática do reexame de autores e obras – e a imposição de uma leitura exclusivista e interessada da história literária, que ocasiona injustiças gritantes e supervalorizações obscuras.

Um dos casos mais graves de omissão da ensaística brasileira, na minha opinião, é o da escritora Júlia Lopes de Almeida. Seu nome não consta da *História concisa da literatura brasileira*, de Alfredo Bosi;[1] nem da *História da literatura brasileira*, em cinco volumes, de Massaud Moisés;[2] tampouco a encontramos na extensíssima *A literatura no Brasil*, em seis volumes, dirigida por Afrânio Coutinho e Eduardo Faria de Coutinho;[3] nem nos dois tomos de *A literatura brasileira: origens e unidade*, de José Aderaldo Castello.[4] Vamos nos deparar com a autora apenas na *História crítica do romance brasileiro*, de Temístocles Linhares,[5] na *História da inteligência brasileira*, de Wilson Martins,[6] e na *História da literatura brasileira: prosa de ficção (de 1870 a 1920)*, de Lúcia Miguel Pereira,[7] comentadores entusiasmados de sua obra.

Nascida na cidade do Rio de Janeiro em 24 de setembro de 1862, filha de portugueses emigrados, cultos e ricos – o pai, médico e educador; a mãe, concertista, formada em piano, composição e canto pelo Conservatório de Lisboa –, Júlia Valentina da Silveira Lopes teve uma educação sofisticada e liberal, completamente discrepante para os padrões

---

[1] Primeira edição em 1970, sucessivamente republicada, alcançando a 52ª edição em 2017.

[2] Moisés, Massaud. *História da literatura brasileira*. 5 vols. 2. ed. São Paulo: Cultrix, 1989.

[3] Coutinho, Afrânio. (Org.). *A literatura no Brasil*. 6 vols. 3. ed. Rio de Janeiro; Niterói: José Olympio; Universidade Federal Fluminense, 1986.

[4] Castello, José A. *A literatura brasileira: origens e unidade*. 2 vols. 1. ed. São Paulo: Edusp, 1999.

[5] Linhares, Temístocles. *História crítica do romance Brasileiro*. 3 vols. 1. ed. Belo Horizonte; São Paulo: Itatiaia; Edusp, 1987.

[6] Martins, Wilson. *História da inteligência brasileira*. 7 vols. 2. ed. São Paulo: T.A. Queiroz, 1996.

[7] Pereira, Lúcia Miguel. *História da literatura brasileira: prosa de ficção (de 1870 a 1920)*. 3. ed. Rio de Janeiro; Brasília: José Olympio; Instituto Nacional do Livro, 1973.

femininos da época. Dos 7 aos 23 anos, mora numa fazenda, em Campinas (SP), onde, incentivada pelo pai, publica suas primeiras crônicas em um jornal local. Em 1886, parte com a família para Lisboa, regressando em 1888, casada com o poeta português Filinto de Almeida, que conhecera ainda no Brasil.

Entre 1899 e 1903, o casal mora em São Paulo, devido às atividades jornalísticas do marido, então diretor de *O Estado de S. Paulo*. Em 1904, "com o retorno financeiro obtido, principalmente, por seu [de Júlia Lopes de Almeida] *métier* literário e jornalístico",[8] começam as obras de um casarão no bairro de Santa Teresa, no Rio de Janeiro, onde manterão o Salão Verde, espaço frequentado por artistas, intelectuais e jornalistas durante 21 anos. Nesse meio tempo, passa 1913 e 1914 na Europa, faz uma longa viagem pelo sul do país em 1918 e para Buenos Aires em 1922. A partir de 1925, a família fixa residência por seis anos em Paris. De volta ao Brasil, morre no Rio de Janeiro, em 1934, vítima de malária, aos 72 anos.

Júlia Lopes de Almeida foi bastante conhecida e respeitada em sua época, tendo sido até mesmo cogitada para participar da lista inicial da Academia Brasileira de Letras. Segundo Raymundo Magalhães Junior, Lúcio de Mendonça, fundador da cadeira número 11 da ABL, escreveu um artigo no jornal *O Estado de S. Paulo*, publicado no dia 12 de dezembro de 1896, anunciando uma reunião que definiria os nomes dos 40 imortais:

> Sem me responsabilizar pela exatidão absoluta, pois uma ou outra modificação pode ocorrer afinal, penso, entretanto, sem perigo de muitos enganos, comunicar-lhes, como interessante primícia, a seguinte lista, por ordem

---

[8] Salomoni, Rosane Saint-Denis. *Júlia Lopes de Almeida (1862-1934): Resenha da pesquisa realizada no acervo da romancista no Rio de Janeiro.* I Parte. Porto Alegre, 2007, p. 12.

alfabética dos nomes que sairão os dos 40 membros efetivos da Academia Brasileira de Letras do Rio de Janeiro.

Magalhães Junior comenta: "Era mencionada a escritora Júlia Lopes de Almeida, mas não havia nenhuma menção a seu marido, Filinto de Almeida [...]. Por modéstia e devoção conjugal, ela preferiu vê-lo eleito, em seu lugar".[9]

O episódio é ainda referido por Humberto de Campos, membro da ABL, eleito em 1919 para a cadeira número 20. Ele afirma que, por ocasião da fundação da Academia, "uma das cadeiras caberia à Sra. Júlia Lopes de Almeida", mas o artigo que regulava a candidatura feminina havia desaparecido. Constrangidos, pois a ficcionista estava informada dessa possibilidade, imaginaram, segundo Campos, uma solução: "Há um remédio – lembrou, então, alguém: – Como Dona Júlia não pode entrar, dá-se-lhe uma satisfação, incluindo o Filinto". O escritor, justificando a decisão, escreve que o marido "pagava, assim, o tributo a que se acham sujeitos os homens, mesmo ilustres, que se casam com mulheres inteligentes".[10] A mesma impressão causada pela "modéstia e devoção conjugal" de que fala Magalhães Junior pode ter influenciado João do Rio a intitular o trecho referente à sua entrevista com a escritora, publicada no inquérito *O momento literário*, como "Um lar de artistas", enquanto os outros capítulos são encabeçados pelo nome do entrevistado, todos homens.[11]

---

[9] Magalhães Junior, Raimundo. *Vida e obra de Machado de Assis*. Rio de Janeiro; Brasília: Civilização Brasileira; INL, 1981, p. 287. (Maturidade, vol. 3).

[10] Campos, Humberto. Jacobinismo literário. In: *Crítica*. Primeira série. Rio de Janeiro: W. M. Jackson Inc. Editores, 1954, p. 177.

[11] As reportagens foram publicadas originalmente nas páginas do jornal *Gazeta de Notícias*, do Rio de Janeiro, em 1905, e reunidas em livro em 1907, numa edição da Livraria Garnier. V. Rio, João do.

Disse que considero Júlia Lopes de Almeida um dos nomes mais injustiçados da literatura brasileira e creio mesmo que, colocada ao lado dos mais conhecidos autores da virada do século XIX para o XX, como Coelho Neto, Graça Aranha e Raul Pompeia, sua obra se sobressaia pela expressão política, coerência temática e excelência estética. Nisso, talvez a ombreie apenas Lima Barreto, tendo feito pela reflexão do papel da mulher na sociedade brasileira o que aquele fez pela questão do negro, com sua denúncia veemente do preconceito racial.

Lúcia Miguel Pereira afirma que Júlia Lopes de Almeida

> é a maior figura entre as mulheres escritoras de sua época, não só pela extensão da obra, pela continuidade do esforço, pela longa vida literária de mais de quarenta anos, como pelo êxito que conseguiu, com os críticos e com o público; todos os seus livros foram elogiados e reeditados, vários traduzidos, sendo que se consumiu em três meses a primeira tiragem da *Família Medeiros*.[12]

Esse entusiasmo da ensaísta com relação ao êxito junto à crítica e ao público da obra de Júlia talvez deva ser relativizado – ou, melhor ainda, contextualizado. Autora de onze romances, três coletâneas de narrativas curtas, três compilações de crônicas, quatro peças de teatro, três seleções de contos infantis e seis livros diversos, entre relatos de viagem e conferências, pode-se falar, sem dúvida, em "extensão da obra".[13] Em vida,

---

O momento literário. Org. Rosa Gens. 2. ed. Rio de Janeiro: Fundação Biblioteca Nacional, 1994.

12 V. Rio, *op. cit.*, p. 269-270.

13 José Ramos Tinhorão cita ainda um folhetim, "O caso de Ruth", publicado no Almanaque da *Gazeta de Notícias*, do Rio de Janeiro, em 1897, mas que, na verdade, é um conto incluído na 2ª edição

Júlia viu reeditados alguns de seus romances: *Memórias de Marta* (de 1889, com novas edições em 1899 e no começo da década de 1930), *A família Medeiros* (de 1892, relançado em 1894 e 1919), *A falência* (de 1901, reeditado no mesmo ano e no ano seguinte), *Cruel amor* (de 1911, com novas edições em 1921 e 1928) e *Correio da roça* (que, publicado em 1913, talvez tenha sido o seu maior sucesso junto aos leitores, já que em 1987 foi lançada a sétima edição). No caso do livro de contos *Ânsia eterna*, publicado originalmente em 1903, é possível que, entre esta edição e a de 1938, póstuma, "refundida pela autora", tenha havido outras, já que, na apresentação, sem assinatura, consta:

> Desde há muito esgotadas as primeiras edições desta extraordinária coleção de contos, e não cessando a sua procura nas livrarias nem os pedidos à ilustre autora para sua republicação, resolveu ela, no último ano de sua vida (1934), recompor a obra para esta nova edição, suprimindo alguns contos e acrescentando outros escritos mais tarde.[14]

Traduções, sua obra conheceu poucas: os contos "As rosas", no *Paris Journal* de 16 de fevereiro de 1914; "A caolha", no jornal *La Nación*, de Buenos Aires, de 22 de outubro de 1922; "Os porcos", no n.º 28 do Tomo 17 da *Revue de L'Amérique Latine*, de Paris, de março de 1929; e os romances *Memórias de Marta* e *A família Medeiros* no volume único *Deux nouvelles brésiliennes*, por uma editora francesa de Dunquerque, em 1928.

---

de *Ânsia eterna* (Tinhorão, José Ramos. *Os romances em folhetins no Brasil: 1830 a atualidade*. São Paulo: Duas Cidades, 1994, p. 79).

[14] Almeida, Júlia Lopes de. *Ânsia eterna*. (1903). Rio de Janeiro: A Noite, 1938, p. 5.

Sucesso mesmo Júlia Lopes de Almeida alcançou com livros que hoje denominaríamos paradidáticos. Aliás, é interessante, e sintomático, o fato de que a carreira da escritora tenha se iniciado com a publicação, em 1886, ou seja, quando tinha 24 anos, de um livro intitulado *Contos infantis*, em colaboração com a irmã, Adelina Lopes Vieira, de intenções claramente pedagógicas. Adotado oficialmente por todas as escolas primárias do Brasil a partir de 1891, o volume chegou a 17 edições até 1927: são 58 textos, alternando a prosa de Júlia e poemas próprios ou traduzidos de Adelina. Em 1907, Júlia ainda publicou, no contexto de literatura paradidática, *Histórias da nossa terra*, que em 23 anos alcançou 21 edições.

Rosa Maria de Carvalho Gens afirma que cabe a Júlia Lopes de Almeida posição de destaque por perceber a importância do público infantil.

> No prólogo à segunda edição, assinado pelas autoras, encontra-se o protocolo da leitura, que estabelece de saída o caráter moral: "Os Contos Infantis são umas narrações singelas, em que procuramos fazer sentir aos pequeninos paixões boas, levando-os com amenidade de história a história". [...] No entanto, para leitores posteriores, não se acham muito apreensíveis tais traços, desejados pelas autoras e que devemos configurar um modelo de leitura. Pelas narrativas passam meninas pobres, mas honestas e dignas, pombinhos mansos, burrinhos trabalhadores e pacientes, mães carinhosas, mas também crianças cruéis com animais, que recebem castigo, muito longe do tom ameno a ser perseguido. As narrativas são plasmadas por linguagem de clave bastante culta, com escolha lexical refinada.[15]

[15] Gens, R. M. Mulheres escrevem para criança (1890-1930). In: Brandão, Izabel; Muzart, Zahidé Lupinacci (Orgs.). *Refazendo nós*. Florianópolis: Editora Mulheres, 2003. p. 117-118.

O objetivo das autoras, Gens argumenta, é "encaixar, através da disseminação de hábitos, valores e de estruturas de linguagem, a infância na sociedade". O sentido moral e formador aparece também em *Era uma vez...*, livro publicado em 1917:

> a escritora acreditava na missão de educar, com a nítida firmeza de que, através dela, o país se desenvolveria. O procedimento traz a dimensão da época, de nítida diretriz desenvolvimentista, enfatizando-se na concepção do mundo infantil como um degrau para o adulto.[16]

Essa atenção à educação das crianças, trinta anos antes de Monteiro Lobato começar a publicar sua obra infantil, demonstra indiscutivelmente uma preocupação política. Júlia pertencia a uma elite urbana e intelectualizada num país rural e inculto. Só para termos uma ideia, em 1886, ano de lançamento de *Contos infantis*, apenas 17% da população do Brasil era alfabetizada. Nessa conjuntura, defender valores morais burgueses num país que relevava a escolarização, principalmente a feminina, e cultuava valores do patriarcado escravocrata, deveria ser visto como algo bastante progressista...

A mesma preocupação política ela terá em relação à mulher. Inicialmente quinzenal, e, após o primeiro ano, mensal, *A Mensageira*, "revista literária dedicada à mulher brasileira", perdurou de outubro de 1897 a janeiro de 1900, como importante porta-voz das reivindicações das mulheres no período da República Velha – o direito à educação e ao voto –, além de ter apoiado as lutas anticolonialistas e ter se batido pelo pacifismo. Coube a Júlia Lopes de Almeida apresentar a revista aos leitores e leitoras brasileiros. Em um texto intitulado "Entre amigas", ela afirma:

---

16 *Idem*, 2003, p. 120.

> A mulher brasileira conhece que pode querer mais, do que até aqui tem querido; que pode fazer mais do que até aqui tem feito. [...] Esta revista, dedicada às mulheres, parece-me dever dirigir-se especialmente às mulheres, incitando-as ao progresso, ao estudo, à reflexão, ao trabalho e a um ideal puro que as nobilite e as enriqueça, avolumando os seus dotes naturais. // Ensinará que, sendo o nosso, um povo pobre, as nossas aptidões podem e devem ser aproveitadas em variadas profissões remuneradas e que auxiliem a família, sem detrimento do trabalho do homem.[17]

Este pensamento, embora prudente, era extremamente ousado em um país machista e paternalista.

O feminismo pioneiro de Júlia Lopes de Almeida pode ser aferido também nas dedicatórias de alguns contos enfeixados no volume *Ânsia eterna*. Das 28 narrativas que formam a coletânea, tomando como base a edição póstuma de 1938, 18 são ofertadas, sendo 11 a famosos colegas das letras, a maioria muito provavelmente frequentadora do Salão Verde:[18] os poetas Raimundo Correia e Olavo Bilac; os comediógrafos Artur de Azevedo e Batista Coelho, mais conhecido sob o pseudônimo de João Foca; os romancistas Machado de Assis e Coelho Neto; os intelectuais Lúcio de Mendonça, Valentim Magalhães, Magalhães de Azeredo e João Luso; e o chargista Julião Machado. Mas o que interessa, no caso, são as sete homenagens destinadas a mulheres, todas elas, como

---

17 Almeida, Júlia Lopes de. Entre amigas. *A mensageira: Revista literária dedicada à mulher brasileira*. São Paulo: Imprensa Oficial do Estado, v. 1, p. 3-5, 1985. Ed. fac-similar.

18 Salão comandado por Júlia e Filinto de Almeida, que funcionou em Santa Teresa, entre 1904 e 1925, reunindo escritores, jornalistas e artistas nacionais e estrangeiros de passagem pelo Rio de Janeiro.

a própria Júlia, engajadas na luta pelo reconhecimento do papel da mulher na sociedade.

Cinco dos contos dedica-os a correligionárias de *A Mensageira*: "A morte da velha" a Presciliana Duarte de Almeida,[19] diretora e fundadora da revista; "A boa lua" à gaúcha Maria Clara da Cunha Santos,[20] colaboradora assídua com sua "Carta do Rio"; "O último raio de luz" à poeta fluminense e sua amiga íntima Júlia Cortines;[21] "A casa dos mortos" à poeta Francisca Júlia;[22] e "As três irmãs" à educadora Zalina Rolim.[23] Júlia distingue ainda a escritora portuguesa Branca de Gonta Colaço,[24] que possivelmente conheceu em uma

---

19 Nascida em Pouso Alegre (MG), pioneira do feminismo no Brasil, bisneta dos poetas e inconfidentes Alvarenga Peixoto e Bárbara Heliodora, foi jornalista e também publicou poesia: *Rumorejos* (1890) e *Sombras* (1906).

20 Nascida em Pelotas (RS), foi jornalista, poeta, contista e artista plástica. Publicou: *Pirilampos* (1890, poemas), *Painéis* (1902, contos), *América e Europa* ([s.d.], crônicas de viagem) e *A alegria e o bom humor* ([s.d.], conferência).

21 De família culta e abastada, deixou dois livros de poemas, que tiveram bastante repercussão na época: *Versos* (1894) e *Vibrações* (1905).

22 Nascida em Eldorado (SP), ainda menina radicou-se na capital paulista. Colaboradora de diversos jornais de São Paulo e do Rio de Janeiro, publicou em 1895 seu livro de poemas *Mármores*, que a consagrou como uma das mais importantes poetas do Parnasianismo. Dedicou-se também à literatura para crianças, publicando, em 1899, *O livro da infância*, pequenos textos em prosa e verso, que obteve ampla divulgação.

23 Paulista de Botucatu, desde cedo dedicou-se à alfabetização de crianças. Em São Paulo, lutou pela criação e instalação do Jardim da Infância, anexo à Escola Normal Caetano de Campos, dirigida pelo professor Antônio Caetano de Campos. Publicou: *O coração* (1893, poemas) e *O livro das crianças* (1897, poemas infantis).

24 Dramaturga e poeta, filha do político e escritor português Tomás Ribeiro, colaboradora em inúmeros jornais e revistas da época, casou-se

de suas estadas em Lisboa, com o conto "O lote 587"; e a jornalista e romancista espanhola Eva Canel,[25] com o conto "A caolha", com quem provavelmente manteve contato durante sua viagem a Buenos Aires, em 1922, cidade onde esta morava à época.

Tivesse Júlia Lopes de Almeida, abolicionista e republicana, se limitado a colaborar em jornais e revistas, sempre defendendo a importância da educação das crianças e a valorização da mulher, já lhe caberia o honroso lugar de uma das mais importantes vozes femininas e feministas brasileiras. Mas Júlia fez mais: deixou-nos romances refinados, nos quais descreve com elegância e precisão as encruzilhadas da mulher na sociedade brasileira dos fins do século XIX e princípios do século XX, não se esquivando de enfrentar temas complexos e polêmicos para a época, alcançando, segundo juízo de Wilson Martins, "o ponto mais alto do nosso romance realista".[26]

Antes de sua estreia no romance, Júlia lançou os contos de *Traços e Iluminuras*, publicado por conta própria em 1887,

---

aos 18 anos com um famoso azulejista, Jorge Rey Colaço. Manteve intensa atividade intelectual e deixou vários livros publicados.

[25] Aos 15 anos, Eva Canel já trabalhava no teatro, meio onde conheceu Eloy Perillán y Buxó, com quem se casa. Em 1874, em consequência da publicação de um livro, Buxó é desterrado para a Bolívia, onde posteriormente o casal se reúne. Eva volta à Espanha em 1882, para onde o marido regressa dois anos depois, morrendo em seguida. Radicada em Barcelona, continua colaborando em jornais espanhóis e americanos. Em 1891, vai para Cuba, onde, durante a guerra pela independência, posiciona-se favoravelmente a seu país natal. Volta para a Espanha e em 1899 fixa residência em Buenos Aires, onde colabora com jornais e revistas locais e dedica-se a conferências por todo o continente. Em 1914, volta para Cuba, onde morre em 1932 na pobreza.

[26] *Op. cit.*, v. V (1897-1914), p. 384.

na Tipografia Castro & Irmão, de Lisboa, com capa de Rafael Bordalo Pinheiro, um dos maiores artistas plásticos portugueses. Sua primeira narrativa longa, redigida entre 1885 e 1886, *Memórias de Marta*, apareceu em folhetins na *Tribuna Liberal*, do Rio de Janeiro, entre 3 de dezembro de 1888 e 18 de janeiro de 1889,[27] com a seguinte apresentação do redator: "aos merecimentos que com justiça encarecemos, reúne esse trabalho literário os de ser original, brasileiro e escrito por uma senhora".[28]

Curiosamente, o livro antecipa o tema da obra-prima de Aluísio Azevedo, *O Cortiço*, publicada em 1890. A narrativa de Júlia, lançada em livro um ano antes,[29] centra-se na história de Marta, que, após a morte do pai, vai com a mãe morar num cortiço na Cidade Nova, e lá convive com personagens também encontrados no romance de Azevedo: a família de portugueses miseráveis, a moça bonita que termina na prostituição, a ganância do proprietário das casas. Enfim, num ambiente promíscuo e vicioso, Marta tenta sobreviver dignamente e, embora chegue a formar-se professora, somente por meio de um casamento de conveniência consegue deixar para trás aquela vida de privações.

Em depoimento escrito, revelado pela pesquisadora Rosane Saint-Denis Salomoni, Júlia afirma que esse "primeiro ensaio de romance" foi feito "sob a impressão de certas observações infantis":

---

[27] Essa informação não consta do exaustivo levantamento de Tinhorão (*op. cit.*).

[28] *Apud* Salomoni, Rosane Saint-Denis. *A escritora, os críticos, a escritura: o lugar de Júlia Lopes de Almeida na literatura brasileira*. Tese (Doutorado em Letras – Literatura Brasileira) – UFRGS, Porto Alegre, 2005, p. 27.

[29] Almeida, Júlia Lopes de. *Memórias de Marta*. Sorocaba: Casa Durski, 1889.

> as cenas brutas do livro foram pressentidas através do muro que dividia o meu colégio de um movimentado cortiço de São Cristóvão. Aquele ambiente imprimiu à minha sensibilidade de menina muita melancolia. Se tudo no livro é fantasia, toda essa fantasia saiu da verdade como o cheiro da maresia sai do mar.[30]

Esse romance, destaca Salomoni, mostra a aguda consciência que a ficcionista tinha "das diferenças sociais existentes na capital do Império no final do século XIX e da qual ela, junto à temática do universo feminino, não poderia se eximir de retratar sob pena de falsear a verdade".[31] Preocupações, afinal, que iriam nortear toda a produção romanesca da autora.

O segundo livro de Júlia Lopes de Almeida, *A família Medeiros*, apareceu em folhetins no jornal *Gazeta de Notícias*, do Rio de Janeiro, entre 16 de outubro e 17 de dezembro de 1891, publicado em livro no ano seguinte.[32] O crítico Wilson Martins afirma que o romance, iniciado em 1886 e concluído em 1888,

> não foi imediatamente publicado, porque o advento da Abolição pareceu, por um momento, ter-lhe tirado o interesse; agora [1892], quando os negros passaram a ser abertamente atacados e novas formas de escravidão congeminadas pelos pais da Pátria, a história adquiria inesperada atualidade.[33]

---

[30] Almeida, Júlia Lopes de. Contracapa (reprodução de texto manuscrito). In: *Memórias de Marta*. 4. ed. Florianópolis: Editora Mulheres; Edunisc, 2007.

[31] Introdução. *Idem*, 2007, p. 16-17.

[32] Almeida, Júlia Lopes de. *A família Medeiros*. Rio de Janeiro: Companhia Editora Fluminense, 1892.

[33] *Op. cit.*, v. IV (1877-1896), p. 400.

Martins questiona alguns defeitos do livro:

> diálogos artificiais, notas de rodapé explicando ou justificando peculiaridades da língua, de vocabulário ou de costumes, e, bem entendido, a intenção moralizante: os personagens dividem-se em dois grupos nítidos: os escravocratas, todos criminosos, perversos e desumanos, contrastando com os abolicionistas, todos nobres, generosos e esclarecidos.[34]

Ainda assim, não tem dúvida em apontá-lo como o melhor romance publicado naquele ano – o que não é pouco se levarmos em consideração serem esses os passos iniciais da autora.

Único de seus romances totalmente ambientado no meio rural – a região de Campinas, onde Júlia morou entre os 7 e 23 anos –, é também o mais distante da sobriedade estilística que redundaria em suas melhores obras: *A viúva Simões* e *A falência*, ambas da primeira metade do século XX, embora Temístocles Linhares veja nele propriedades relevantes a ponto de considerá-lo "um dos melhores que a autora escreveu".[35] Fruto de sua experiência pessoal, *A família Medeiros* evoca "a vida do lavrador brasileiro, dos escravos, das sinhás e das sinhazinhas, os problemas do campo, o drama dos infelizes atacados da morfeia", como relembra sua filha, Margarida Lopes de Almeida: "os seus olhos observavam, a sua alma inundava-se de comoção, de revolta, de desespero e de piedade".[36] A escritora portuguesa

---

[34] *Idem*, p. 399.

[35] *Op. cit.*, v. III (1855-1877), p. 353.

[36] *Biografia de Dona Júlia*. Inédito à época da publicação deste artigo, posteriormente publicado em Almeida, Júlia Lopes de. *O funil do diabo*. Rio de Janeiro: Janela Amarela, 2024.

Guiomar Torrezão chega mesmo a comparar, com exagero, *A família Medeiros* ao clássico antiescravagista *A cabana do Pai Tomás*, da estadunidense Harriet Beecher Stowe, lançado em 1852.[37]

Júlia volta a usar as páginas do jornal *Gazeta de Notícias* para publicar outro folhetim, *A viúva Simões*, entre 4 de abril e 19 de junho de 1895, lançado em livro em 1897.[38] Wilson Martins, normalmente econômico em elogios, afirma ser esse "um excelente romance, de grande força dramática, escrito num estilo brilhante e enxuto, com perfeito desenvolvimento narrativo".[39] A bela viúva do Comendador Simões, mulher honesta e recatada, mãe discreta e dedicada, vê-se no centro de uma avalanche emocional ao reencontrar, depois de vinte anos, um antigo namorado, ainda solteiro, galante e sedutor. Atiçada em sua sensualidade reprimida, ela não mede esforços para reconquistar seu amor, enfrentando tudo e todos para alcançar a felicidade, colocando-se contra até mesmo sua filha, quando esta, sem o saber, disputa-lhe o mesmo homem. Um fino estudo que acompanha a derrocada vertiginosa de um lar burguês do entresséculos, ou, nas palavras de Temístocles Linhares, um romance "bem urdido em todos os seus episódios, ao lado das personagens que se impunham ao leitor, como realmente vivas e atuantes, complementadas pela sutil análise psicológica".[40]

Em célebre reportagem com a escritora, João do Rio afirma:

---

[37] Almeida, Júlia Lopes de. *A mensageira*. São Paulo, Anno II, n. 29, 15 jun. 1899, p. 100.

[38] Almeida, Júlia Lopes de. *A viúva Simões*. Lisboa: António Maria Pereira, 1897.

[39] *Op. cit.*, v. V (1897-1914), p. 12.

[40] *Op. cit.*, p. 361.

> este cenário [trechos da Gamboa, trechos centrais, torres de igreja, a cúpula da Candelária, tetos envidraçados dos frontões, altas chaminés das fábricas, palácios, casas miseráveis, pedaços de mar obstruídos de mastros] lembra-me sempre aquele livro seu – *A Viúva Simões*. Não imagina a impressão desse trabalho na minha formação de pobre escrevinhador.[41]

E anota: "há muita gente que [a] considera o primeiro romancista brasileiro",[42] isto nos primeiros anos do século XX.

Nesse momento, Júlia está em plena posse de sua arte narrativa. Em 1901, publica aquele que vem a ser o ponto alto de sua obra, *A falência*,[43] uma narrativa que se insere na corrente realista brasileira, a qual, nascendo nas melhores páginas urbanas de José de Alencar, realiza-se à perfeição em Machado de Assis. Parece que a autora tinha plena consciência da importância desse "excelente romance de inspiração eciana", conforme palavras de Wilson Martins.[44] Em nota escrita provavelmente em 1932 ou 1933, a autora relembra:

> Escrevi este romance duas vezes. A primeira em solteira, e dessa primeira fatura figuram dois capítulos no meu livro de contos *Traços e iluminuras*, escrito ainda como meu nome de solteira. Esse romance rasguei-o, sentindo que lhe faltava o que o seu assunto exigia e que só depois de mulher eu poderia dar completamente o conhecimento da vida. A ideia ficou cantando no meu espírito e só depois de muitos anos de casada e cinco

41 *Op. cit.*, p. 31.

42 *Idem*, p. 33.

43 Almeida, Júlia Lopes de. *A falência*. Rio de Janeiro: Oficina de Obras d'A Tribuna, 1901.

44 *Op. cit.*, v. V (1897-1914), p. 194.

vezes mãe, foi que o escrevi do primeiro ao último capítulo definitivamente.[45]

Também José Veríssimo, contemporâneo da autora, afirma, em 1905, que com *A falência* Júlia Lopes de Almeida "toma decididamente lugar, e não somenos, entre os nossos romancistas".[46] Crítico exigente, Veríssimo argumenta:

> os acostumados a julgar esta espécie de obras, se leram outros livros da autora, não custarão a perceber que é um livro trabalhado, mas daquele trabalho que honra e eleva o artista, ao invés de diminuí-lo. Julgando-o em comparação com a nossa produção somente, esse novo romance de D. Júlia Lopes é obra de merecimento, de bastante merecimento, sem ser entretanto nem uma obra superior, nem uma obra forte, como hoje se diz.[47]

Finalmente, conclui, dizendo que um dos melhores elogios a esse livro é de que se trata de "um escritor já na posse de todos os seus meios".[48] Estranhamente, no entanto, Veríssimo, que afirma que em *A falência* "há excelentes qualidades, já manifestadas nos antecedentes que da mesma autora conheço, *A família Medeiros* e *A viúva Simões*",[49] omite deliberadamente o nome da autora em sua *História da literatura brasileira*, publicada em 1916.

---

[45] Almeida, Júlia Lopes de. Contracapa. In: *A falência*. 4. ed. Florianópolis; Santa Cruz do Sul: Editora Mulheres; Edunisc, 2003.

[46] Veríssimo, José. Um romance da vida fluminense. In: *Estudos de literatura brasileira*. 5. série. Belo Horizonte; São Paulo: Itatiaia; Edusp, 1977, p. 79.

[47] *Idem*, 1977, p. 82.

[48] *Ibidem*, p. 84.

[49] *Ibidem*, p. 82.

Rosane Saint-Denis Salomoni afirma que, no mesmo ano em que foi publicado, *A falência* alcançou uma segunda edição, "devido ao apreço do público", e uma terceira edição no ano seguinte.[50] Fato é que este é dos poucos romances de Júlia que não passou antes pelo crivo dos leitores dos jornais, já que não saiu em folhetins, o que tinha ocorrido com os três primeiros títulos e o que aconteceria também com o subsequente, *A intrusa*. De *A falência* disse Wilson Martins:

> muito bem escrito e sustentando até o fim a sombria nota dramática, o romance de Júlia Lopes de Almeida, influenciada por Eça de Queiroz, nada perderia, entretanto, na comparação com os melhores livros do Mestre.[51]

A ação do romance transcorre em 1891, ano "em que o preço do café assumira proporções extraordinárias", logo após a implantação da República, época também das grandes especulações financeiras na Bolsa de Valores, período conhecido como Encilhamento.[52] Francisco Teodoro, imigrante chegado "sem bagagem" ainda criança de Portugal, "quase analfabeto, com a cabeça raspada, a jaqueta russa e os sapatões barulhentos", alcança fortuna, dono de uma das casas "mais graúdas no comércio de café" do Rio de Janeiro. Com "um belo ar de burguês satisfeito", mora com a família numa mansão na praia de Botafogo, "em que as roupas, as comidas e as bebidas atafulhavam os armários e a despensa até a brutalidade". Preocupado em acumular riqueza para ostentar luxo e poder, ignora o que ocorre sob seu teto.

---

[50] *Op. cit.*

[51] *Op. cit.*, v. V (1897-1914), p. 195.

[52] Este trecho é um resumo do meu prefácio, intitulado "O resgate de Júlia", à edição de *A Falência* publicada pela Penguin; Cia das Letras, em 2019.

A mulher, Camila, filha de "gente pobre, mas de educação", vive para festas e para o amante, o doutor Gervásio, um médico rico que não precisa exercer a profissão. O filho mais velho, Mário, indignado com o comportamento da mãe, vinga-se, gastando dinheiro com mulheres e farras. Há ainda a filha Ruth, violinista sensível e talentosa; as irmãs gêmeas Lia e Rachel; a sobrinha Nina, agregada que funciona como governanta; e a ex-escravizada faz-tudo, Noca.

Pouco a pouco, Francisco Teodoro, ganancioso, envolve-se em especulações com o preço do café, até que, por conta de negócios malsucedidos, acaba falindo. Envergonhado por não conseguir manter seu sonho de "ser o primeiro negociante, o mais hábil, o mais forte", mata-se. Assim, empobrecida, a família muda-se para uma pequena casa, no subúrbio, que Francisco Teodoro ironicamente havia doado para garantir o futuro incerto de Nina, longe dos antigos amigos e abandonados até mesmo por Mário, que, então casado com a nobre e rica Paquita, também se afasta da mãe e das irmãs. Noca, Nina e Ruth começam a trabalhar para compor o orçamento doméstico, enquanto Camila descobre decepcionada que o amante lhe havia mentido todo o tempo, pois, casado, deixara a mulher justamente por ela ter cometido adultério.

O romance traça uma crítica acerba a respeito do despotismo masculino. A opressão de Camila se dá tanto pelo marido, Francisco Teodoro – "Não quis casar com mulher sabichona. É nas medíocres que se encontram as esposas", orgulha-se ele –, quanto pelo amante, Gervásio, sujeito arrogante e superficial, que faz dela "obra sua", transformando-a "ao influxo de seus gostos, da sua convivência e do seu espírito". Catarina, personagem secundária, irmã do capitão Rino, dono de um barco a vapor, expressa, em sua opção por manter-se solteira, a quase impossibilidade da independência feminina na época: os homens "são enganosos e eu sou franca. Imagina o conflito", conclui, desalentada.

Contraditória, Camila, ainda que aceitando seu papel de coadjuvante na vida social, revela-se consciente da humilhação imposta pelo jugo dos homens:

> Qual é a mulher, por mais estúpida, ou mais indiferente, que não adivinhe, que não sinta o adultério do marido no próprio dia em que ele é cometido? Há sempre um vestígio da outra, que se mostra em um gesto, em um perfume, em uma palavra, em um carinho... Eles traem-se com as compensações que nos trazem...

A autora aproveita ainda para, por meio de Camila, fazer uma irônica reflexão a respeito da misoginia presente nos romances disponíveis, sempre escritos por homens:

> Os senhores romancistas não perdoam às mulheres; fazem-nas responsáveis por tudo – como se não pagássemos cara a felicidade que fruímos! Nesses livros tenho sempre medo do fim; revolto-me contra os castigos que eles infligem às nossas culpas, e desespero-me por não poder gritar-lhe: Hipócritas! Hipócritas.

Para além do assédio moral que Francisco Teodoro impõe às mulheres com seus comentários ("A mulher nasceu para mãe de família. O lar é o seu altar; deslocada dele não vale nada!"), *A falência* exacerba casos de violência doméstica, que atingem tanto mulheres miseráveis como Sancha, a empregada negra que apanha todos os dias da mesquinha D. Joana, tia de Camila, quanto ricas, como a própria D. Joana, viúva de um colchoeiro, "de quem sofrera os maus-tratos que, na inconsciência das bebedeiras, ele lhe ministrava", ou a mãe de Catarina e do capitão Rino, "morta a facada pelo pai, como adúltera".

Passeando com absoluta competência tanto pelas tediosas e fúteis atividades do interior das mansões quanto pelo frenesi das ruas onde se encontram os armazéns de café do cais do porto, a autora delineia aqui, com precisão, um dos primeiros registros das nascentes favelas do Rio de Janeiro: "Era o resto de uma cidade, tomada de assalto por gente expatriada, resignada a tudo: ao pão duro e à sombra de qualquer telha barata. Uma pobreza avarenta aquela, que formigava por toda a encosta de lajedos brutos, entre ratazanas e águas servidas". Esse abismo intransponível, que separa ricos e pobres, revolta a sensível Ruth, que se pergunta: "Que direito teriam uns a todas as primícias e regalos da vida, se havia outros que nem por uma nesga viam a felicidade?".

Wilson Martins anotava, em meados da década de 1970, que "depõe mais contra a crítica e os leitores do que contra a romancista que um romance dessa qualidade tenha praticamente caído no esquecimento"[53] – embora, nos anos 20 do século XXI, tenha havido um movimento no sentido de resgatar a obra de Júlia.[54]

Podemos afirmar que o lançamento de *A intrusa*, "romance de sombrio realismo", nas palavras de Wilson

---

[53] *Op. cit.*, v. V (1897-1914), p. 195.

[54] Praticamente toda a obra da autora encontra-se novamente disponível, incluindo o romance inédito *O funil do diabo* (Rio de Janeiro: Janela Amarela, 2024), publicado, postumamente, como oferta de Natal do *Jornal do Comércio,* do Rio de Janeiro, na edição de 24-25 de dezembro de 1934, ocupando toda as páginas 5 e 6 e parte da página 7. O jornal apresentava a obra como um dos trabalhos "em que mais vigorosa e luminosamente se afirmam as qualidades da escritora, que realmente conquistou um lugar à parte e inconfundível na literatura brasileira". E continua: "Sem as complicações do gênero folhetim, sem nenhuma feição rocambolesca ou artificialmente impressionadora, este romance cativa desde as primeiras linhas e até às últimas absorve e encanta. A ação desenvolve-se combinando sempre a leveza e a desenvoltura com a verossimilhança e o interesse".

Martins,[55] encerra a fase mais rica e criativa da obra ficcional de Júlia Lopes de Almeida. Publicado em folhetins no *Jornal do Comércio*, entre 23 de julho e 23 de agosto de 1904, e em livro quatro anos depois,[56] mereceu de Aluísio Azevedo o elogio de "adorável romance", que, confessa, leu "de uma sentada", chamando-a de Charlotte Brontë brasileira, conforme correspondência datada de Buenos Aires, de 7 de setembro de 1912.[57]

Alice vai trabalhar como governanta na casa do rico advogado viúvo Argemiro e, pouco a pouco, se impõe à família, obscurecendo a influência dominadora da sogra de Argemiro e a memória de sua falecida esposa. Elódia Xavier ressalta que Júlia, com sua apologia do trabalho, aponta para a mulher um caminho eficiente para a realização de suas ambições, que, no âmbito restrito da época, se reduziam a ser mãe, esposa e dona de casa. A protagonista do livro, Alice, obrigada a buscar seu sustento, "faz do trabalho um caminho eficiente de ascensão social e do casamento um meio lícito de enriquecimento".[58]

Embora, ao longo dos 26 anos seguintes, Júlia ainda vá publicar cinco novos romances e uma coletânea de novelas, nenhum deles alcançará nível de elaboração similar aos lançados ao longo da primeira década do século XX. Essa sua, digamos, segunda fase, se inicia com o lançamento de *Cruel amor*, em 1911,[59] publicado antes em forma de folhetim no *Jornal do Comércio*, do Rio de Janeiro, entre 24 de agosto e 22

---

[55] *Op. cit.*, v. V (1897-1914), p. 384.

[56] Almeida, Júlia Lopes de. *A intrusa*. Rio de Janeiro: Livraria Francisco Alves, 1908.

[57] *Apud* Salomoni, *op. cit.*, p. 41-42.

[58] Almeida, Júlia Lopes de. A mulher no banco dos réus. In: *A intrusa*. 3. ed. Rio de Janeiro: Fundação Biblioteca Nacional, 1994, p. VI.

[59] Almeida, Júlia Lopes de. *Cruel amor*. Rio de Janeiro: Francisco Alves, 1911.

de setembro de 1908. A gestação deste romance, no entanto, é ainda anterior, remontando a 1902. Em 1905, quando concede entrevista a João do Rio para o jornal *Gazeta de Notícias*, a autora afirma que está escrevendo, naquele momento, "um livro muito difícil".[60] *Cruel amor*, que enfoca a vida dos pescadores da praia de Copacabana, tem como maior mérito, afirma Rita Terezinha Schmidt, o fato de Júlia Lopes de Almeida ter rompido

> com o seu foco no mundo burguês, criando um romance que exigiu uma forma particular de linguagem, como a transcrição de formas locais de linguagem oral, recursos estilísticos e narrativos ausentes em suas obras anteriores.[61]

Rosane Saint-Denis Salomoni descreve as inúmeras anotações feitas pela escritora para desenvolver essa narrativa. Segundo ela, numa caderneta, a autora "esboça personagens e suas características, propõe-se a estudar 'os tons e nuanças do mar, observando-o sob todas as luzes. [...] Músicas. Crianças cantando'". Além disso, "delineia o perfil de alguns personagens [...] e elabora várias perguntas a serem feitas para os pescadores: 'Quais as melhores estações dos peixes? Que tipos de feitiçarias conhecem? Pragas? Cheiros [...]. Que comem?'".[62]

Rita Terezinha Schmidt afirma que

> a consciência crítica que perpassa *Cruel amor* não permite um olhar condescendente aos descompassos da modernização brasileira, aos efeitos perversos das diferenças raciais e sociais e à violência de gênero que destruía famílias e

---

60 Almeida, *op. cit.*, p. 35.

61 Almeida, Júlia Lopes de. Cruel amor: tramas de paixão e violência em tempos de modernização brasileira. In: *Cruel amor*. Florianópolis: Editora Mulheres, 2015, p. 17.

62 Salomoni, *op. cit.*, p. 73-74.

> destinava ao fracasso as relações amorosas. Seus personagens evocam aquelas figuras anônimas que viveram à margem da história, que sofreram e sobreviveram aos seus efeitos como a lembrar as zonas de esquecimento sobre as quais a cultura monumentalista constrói a narrativa mestra da brasilidade.[63]

Em 1913, Júlia lança o romance *Correio da roça*,[64] publicado antes nas páginas do jornal *O País*, do Rio de Janeiro, entre 7 de setembro de 1909 e 17 de outubro de 1910, um "falso romance epistolar", segundo comenta ironicamente o crítico Wilson Martins, que, "dissimulando um texto de propaganda da agricultura", preconiza "a volta à terra e celebra os milagres proporcionados pelas atividades agrícolas".[65] Embora cáusticas, as palavras de Martins ecoam o entendimento que a própria autora tinha do livro. Na introdução de *Jardim florido*, publicado em 1922, Júlia afirma:

> Com esta obra completa a autora o tríptico que se propôs a si mesma escrever: sobre a vida e a cultura dos campos, no livro *Correio da roça*; sobre a cultura de pomares e sobre arborização, no livro *A árvore*, escrito de colaboração com Afonso Lopes de Almeida, e sobre a cultura de flores, neste de jardinagem.[66]

A pesquisadora francesa Jacqueline Penjon, em artigo publicado em 2003, relativiza, no entanto, o caráter meramente

---

63 *Op. cit.*, p. 17-18.

64 Almeida, Júlia Lopes de. *Correio da roça*. Rio de Janeiro: Francisco Alves, 1913.

65 *Op. cit.*, v. V (1897-1914), p. 531.

66 Penjon, Jacqueline. *Le Correio da roça*, roman épistolaire oublié. *Signótica*, Goiânia, v. 15, n. 1, p. 29, jan./jun. 2003. Revista do programa de pós-graduação da Faculdade de Letras da Universidade Federal de Goiás.

pedagógico e até mesmo "ingênuo" do livro, no que concorda com Temístocles Linhares, que, apesar de admitir o "didatismo" do romance, argumenta que a autora "não deixava de sentir o seu tema e expressá-lo em estilo adequado".[67]

A Silveirinha, lançado em 1914,[68] praticamente põe fim à carreira de ficcionista de Júlia Lopes de Almeida. Publicado em folhetins nas páginas do *Jornal do Comércio*, do Rio de Janeiro, entre abril e maio de 1913, o romance descreve um verão no clima ameno de Petrópolis, cidade para onde se desloca a alta sociedade carioca em fuga do calor insuportável dos meses de janeiro e fevereiro. Lá, entre festas e jantares, desfilam o ócio, a hipocrisia e a futilidade de personagens interessados apenas em manter as aparências e a realizar negócios escusos. Descrição a que não se furta nem mesmo o jovem padre francês Pierre, sedutor e vaidoso, retrato que provocou escândalo à época e suscitou severas críticas à escritora por autoridades eclesiásticas, como a do Frei Pedro Sinzig,[69] que afirmou: "*A Silveirinha* é uma ofensa à sociedade e à Igreja Católica".[70]

---

67 *Op. cit.*, p. 366.

68 Almeida, Júlia Lopes de. *A Silveirinha: crônica de um verão*. Rio de Janeiro: Francisco Alves, 1914.

69 Nascido em Linz (Áustria), em 1876, veio para o Brasil em 1893. Pertencente à ordem franciscana, fundou em Petrópolis o Centro da Boa Imprensa, em 1910, dando nova orientação à revista *Vozes de Petrópolis*, que ele redigiu entre 1908-1920. Dedicou-se ao jornalismo e aos mais diversos gêneros literários, da obra religiosa ao romance e à novela, dos assuntos históricos e geográficos aos da arte. Tornou-se conhecido ainda como músico, compositor, musicólogo, regente de coros e de orquestras, professor e diretor da Escola de Música Sacra e redator da revista *Música Sacra*. Morreu em 1952, em Düsseldorf (Alemanha) e teve seus restos mortais trasladados para o Rio de Janeiro.

70 Sinzig, Frei Pedro. Texto de orelha. In: Almeida, Júlia Lopes de. *A Silveirinha: crônica de um verão*. Florianópolis: Editora Mulheres, 1997.

Às vésperas do início da Primeira Guerra Mundial, o prestígio de Júlia Lopes de Almeida estava no auge. No dia 14 de fevereiro de 1914, a autora foi homenageada com um jantar em Paris, no luxuoso MacMahon Palace Hotel, oferecido por amigos franceses e brasileiros, tendo à frente Jeanne Catulle-Mendès, mulher do poeta Catulle-Mendès, ao qual compareceram quatrocentos convidados, com destaque para Jeanne Loiseau, que assinava seus romances e poemas como Daniel Lesueur, uma das feministas mais conhecidas da época, além dos escritores brasileiros Olavo Bilac e Medeiros e Albuquerque e do futuro presidente da República, Epitácio Pessoa.[71]

Após *A Silveirinha*, Júlia produziria apenas dois livros de ficção ao longo de vinte anos: *A isca*, reunião de quatro novelas ("A isca", "O homem que olha para dentro", "O laço azul" e "O dedo do velho"), em 1922, e o romance *Pássaro tonto*, lançado postumamente em 1934, poucos meses depois de sua morte,[72] além de ter deixado inédito outro romance, *O funil do diabo*.[73] Antes, em 1932, saiu *A casa verde*, escrito a quatro mãos com o marido Filinto de Almeida,[74] publicado originalmente em folhetins entre 18 de dezembro de 1898 e 16 de março de 1899 nas páginas do *Jornal do Comércio*, do Rio de Janeiro, sob o pseudônimo A. Julinto.[75]

---

71 V. Sharpe, Peggy. Júlia Lopes de Almeida. In: Muzart, Zahidé Lupinacci (Org.). *Escritoras brasileiras do século XIX*. Vol. II. Florianópolis; Santa Cruz do Sul: Editora Mulheres; Edunisc, 2004, p. 193-194.

72 Almeida, Júlia Lopes de. *Pássaro tonto*. São Paulo: Companhia Editora Nacional, 1934.

73 V. nota 54.

74 Almeida, Júlia Lopes de; Almeida, Filinto de. *A Casa Verde*. São Paulo: Companhia Editora Nacional, 1932.

75 Tinhorão cita apenas o nome de Júlia Lopes de Almeida como autora do folhetim. No entanto, mais à frente, aponta uma nova

Nesse período, entretanto, Júlia mantém intensa atividade intelectual. Publica em 1917 o volume *Teatro*, contendo três peças ("Doidos de amor", "Nos jardins de Saul" e "Quem não perdoa", galardoada com o primeiro lugar no concurso de comédias e dramas aberto pela Companhia Dramática Nacional, em 1912); profere conferência no Consejo Nacional de las Mujeres de Argentina, em Buenos Aires, em 1922; no mesmo ano, participa, com a líder feminista Berta Lutz, da organização do I Congresso Feminino do Brasil, realizado no Rio de Janeiro, com a presença da ativista estadunidense Carrie Chapman Catt.

Decididos a acompanhar a filha mais velha, Margarida, que ganhara uma bolsa da Escola de Belas Artes do Rio de Janeiro para estudar na Europa, Júlia e Filinto vendem a Casa Verde e instalam-se em Paris em 1925, de onde partem, em incansáveis viagens, para conhecer outros países, como Itália, Alemanha, Noruega, Espanha e Bélgica. Nesse período, a autora trabalha na reescritura de seu primeiro romance *Memórias de Marta*, reeditado possivelmente em 1929, com "episódios modificados", segundo Rosane Saint-Denis Salomoni, pela Livraria Truchy-Leroy, de Paris, e redige seu derradeiro romance, *Pássaro tonto*. Ambientando na capital francesa, esse livro, "artificial e falso",[76] segundo Wilson Martins, demonstra "certo desânimo, desconforto, até mesmo uma desistência ou afrouxamento de energia e força com que, até então, conduzira", nas palavras de Norma Telles.[77]

---

publicação do folhetim no mesmo *Jornal do Comércio*, em 1932, em que dá crédito a ambos, marido e mulher, sem o pseudônimo (*op. cit.*, p. 80 e 88).

[76] *Op. cit.*, v. VII (1933-1960), p. 27.

[77] Telles, Norma. *Encantações: escritoras e imaginação literária no Brasil, século XIX*. São Paulo: Intermeios, 2012, p. 471.

De volta ao país, em 1931, Júlia vai se dedicar a rever a coletânea *Ânsia eterna*, livro originalmente publicado em 1903, suprimindo cinco contos e acrescentando outros, e que só aparecerá postumamente, em 1938. Lúcia Miguel Pereira, num julgamento do qual discordo, chega a afirmar que "os contos de *Ânsia eterna* parecem todavia a sua melhor obra, aquela em que, sem nada perder de sua singeleza, ela aproveitou com mais arte os seus recursos de escritora e deixou mais patente a sua sensibilidade".[78]

Este livro, composto por 28 histórias curtas, inclui "O caso de Ruth", publicado originalmente em folhetins em 1897,[79] no *Almanaque da Gazeta de Notícias*, do Rio de Janeiro, que relata um suicídio após a protagonista confessar ter sido estuprada pelo padrasto e não conseguir do noivo a solidariedade aspirada; o exaustivamente antologizado "A caolha",[80] drama de uma mãe que se vê rejeitada pelo filho por causa de seu defeito físico; e o polêmico "Os porcos", terrível tragédia de uma mãe que tem o bebê recém-parido devorado por porcos – e que Brito Broca insinua ter sido plagiado por Graça Aranha, em uma cena do romance *Canaã*.[81]

Com sua morte, em 30 de maio de 1934, vítima de malária, oito dias após uma viagem de três meses a Moçambique, onde fora resgatar a filha, Lúcia, adoentada, as netas e o genro, o nome de Júlia Lopes de Almeida foi varrido da história literária brasileira por todo o século XX e início do século XXI. O longo período transcorrido fora do país, a

---

78 *Op. cit.*, p. 271.

79 V. Tinhorão, *op. cit.*, p. 79-80.

80 V., neste livro, "Antologias", p. 185.

81 Broca, Brito. Graça Aranha plagiário? In: Eulálio, Alexandre; Dantas, Luiz (Orgs.). *Naturalistas, parnasianos e decadistas: Vida literária do Realismo ao Pré-Modernismo*. Campinas: Editora da Unicamp, 1991. p. 248-252.

ausência da publicação de novos títulos (seu último livro de relevância, *A Silveirinha*, saíra em 1914) e a ideia de tratar-se de uma autora "pré-modernista" ("conceito" vazio e destituído de qualquer significado, mas servilmente seguido pela crítica), podem, sem dúvida, ter contribuído para que sua obra desaparecesse do mercado e seu nome sumisse dos manuais. Podemos, ainda, imputar parte dessa responsabilidade aos modernistas da primeira hora, que, desejosos de romper radicalmente com o passadismo beletrista rançoso e reacionário, difundiram a ideia de que tudo que fora produzido imediatamente antes de 1922 deveria ser categorizado como de duvidosa qualidade. Com isso, enterraram na vala comum autores medíocres, mas também escritores importantes – uns rapidamente recuperados, como Lima Barreto; outros ainda na fila de remissão, como João do Rio.

Mas isso apenas não basta para explicar o silêncio que recaiu sobre Júlia Lopes de Almeida. Numa época em que às mulheres cabia o papel de dona de casa submissa e ignorante, ela impôs-se no meio intelectual. Brito Broca afirma que quando Júlia "entrou a escrever nos jornais por volta de 1885, encontrou ainda forte barreira de preconceitos contra as mulheres escritoras".[82] Suas colaborações se estenderam pelos mais diversos órgãos da imprensa: *Gazeta de Notícias*, *A Estação*, *O Estado de S. Paulo*, *Ilustração Brasileira*, *Jornal do Comércio*, *Kosmos*, *O mundo literário* e *O País*. Norma Telles afirma que Júlia,

> com direitos auferidos de seus livros e os estipêndios de palestras que proferiu, conseguiu viver de sua pena, um feito para uma época em que à mulher não era permitido escrever nem expressar suas opiniões, o que a escritora,

[82] Broca, Brito. *A vida literária no Brasil – 1900*. 3. ed. Rio de Janeiro: José Olympio, 1975, p. 252

> jornalista, cronista e dramaturga fez em vários momentos e sobre diversos assuntos. Em estilo simples, enxuto e elegante, em romances realistas ou campanhas pacifistas, ecológicas ou pelos direitos das mulheres, em projetos agrícolas ou educacionais, dona Júlia foi presença marcante na sociedade e nas letras de seu tempo.[83]

Por sua vez, Peggy Sharpe argumenta que a obra de Júlia revela "as tensões, as contradições e os conflitos da mulher brasileira da época, resultantes de um processo de modernização caracterizado pelos novos códigos sociais, econômicos e políticos"[84] – o que nos leva a interrogar, como fez Temístocles Linhares, em sua exaustiva *História crítica do romance brasileiro*: "como explicar o seu injusto esquecimento?".[85]

■ Versões deste texto foram publicadas anteriormente em:

Rascunho. Curitiba, n. 102, out. 2008, p. 14; n. 103, nov. 2008, p. 14; n. 104, dez. 2008, p. 14; n. 105, jan. 2009, p. 14.

Revista Brasileira. Rio de Janeiro, Fase IX, n. 94, jan./fev./mar. 2018. p. 57-76.

Prefácio. In: Almeida, Júlia Lopes de. *A falência*. São Paulo: Penguin; Cia das Letras, 2019. p. 7-19.

---

83 Telles, Norma. Orelha. In: Almeida, Júlia Lopes de. *A Falência*. 4. ed. Florianópolis; Santa Cruz do Sul: Editora Mulheres; Edunisc, 2003.

84 *Op. cit.*, p. 206.

85 *Op. cit.*, p. 370.

Lima Barreto contra os "futuristas"

Lima Barreto, embora um dos nossos maiores autores, custou a entrar para o cânone da literatura brasileira. Um dos motivos pelos quais foi relegado ao limbo pela crítica deveu-se à sua aberta rejeição aos "futuristas".[1] Em carta a Mário de Andrade, sem data, mas com certeza escrita por volta do dia 20 de julho de 1922, Sérgio Buarque de Holanda informa que entregou a Lima Barreto um exemplar do n.º 3 de *Klaxon*, lançado no dia 15 de julho de 1922, "a fim de que escrevesse qualquer coisa na *Careta*, elogio ou ataque, de modo a despertar atenção".[2] Uma semana depois, o autor de *Triste fim de Policarpo Quaresma* divulga um texto no periódico semanal *Careta*, intitulado "O futurismo", onde afirma que São Paulo "agora quer nos impingir como descoberta dele, o tal de 'futurismo'":

> Disse cá comigo: esses moços tão estimáveis pensam mesmo que não sabíamos disso de futurismo? Há vinte

---

[1] V. Schwarcz, Lilia Moritz; Monteiro, Pedro Meira. Sérgio com Lima: um encontro inusitado em meio aos modernismos. *Revista Brasileira de História*, São Paulo, v. 36, n. 73, 2016. p. 41-62. Schwarcz, Lilia Moritz. Lima entre os modernos. In: *Lima Barreto: triste visionário*. São Paulo, 2017. p. 430-460.

[2] Monteiro, Pedro Meira. *Mário de Andrade e Sérgio Buarque de Holanda: correspondência*. São Paulo: Companhia das Letras; Instituto de Estudos Brasileiros; Edusp, 2012, p. 50.

anos, ou mais, que se fala nisto e não há quem leia a mais ordinária revista francesa ou o pasquim mais ordinário da Itália que não conheça as cabotinagens do 'il Marinetti'.

E termina com um julgamento certeiro:

> O que há de azedume neste artiguete não representa nenhuma hostilidade aos moços que fundaram a *Klaxon*; mas sim a manifestação da minha sincera antipatia contra o grotesco "Futurismo", que no fundo não é senão brutalidade, grosseria e escatologia, sobretudo esta.[3]

Esse artigo é de amplo conhecimento público, porém Lima Barreto voltaria ao assunto quinze dias depois, na mesma revista *Careta*. Na edição n.º 737, datada de 5 de agosto de 1922, ele desanca o escritor português António Ferro, sem citar seu nome, num texto intitulado "Esthetica do 'Ferro'" – uma alusão ao poeta lusitano, evidenciada pelo uso de maiúscula no sobrenome colocado entre aspas – cujo manifesto "Nós" foi estampado nas páginas 1 e 2 daquele mesmo número de *Klaxon*. A publicação do manifesto – distribuído em 1921, pelo próprio Antônio Ferro, na porta do café A Brasileira, em Lisboa –, deveu-se à iniciativa de Buarque de Holanda que o enviou para Mário de Andrade.[4]

Ferro encontrava-se na época no Brasil, onde desembarcou no Rio de Janeiro no dia 22 de maio de 1922,[5] vindo de Portugal no paquete *Belle Isle*, e naquela cidade permaneceu até 30 de julho,[6] realizando uma série de atividades, como conferências, discursos e declamações. Tratado como

---

[3] *Careta*, Rio de Janeiro, 22 jul. 1922.

[4] Monteiro, *op. cit.*, p. 38.

[5] *O Paiz*, Rio de Janeiro, 23 maio 1922, p. 5.

[6] *Idem*, 24 jul. 1922, p. 5

"o brilhante escritor que dirige a *Ilustração Portuguesa*", Ferro chegou com a companhia de teatro de Lucília Simões, e sua estada na capital da República contou com ampla cobertura da imprensa. Do Rio de Janeiro, Ferro viajou para São Paulo, onde manteve contato com os modernistas de *Klaxon*[7] e apresentou uma peça de sua autoria, *Mar alto*, na qual também atuava. Da capital paulista, viajou novamente e em fevereiro encontrava-se em Belo Horizonte, onde encenou a mesma peça, nos dias 6 e 8 de fevereiro de 1923, episódio do qual Carlos Drummond de Andrade guardava nítida recordação.[8] Finalmente, no dia 14 de março de 1923, Ferro embarca de volta para Portugal, no paquete *Oravia*.[9]

Em seu artigo, Lima Barreto não poupa ironias contra o poeta português:

> Agora aparece um cidadão de ultramar que se diz inovador e criador de uma nova escola literária. Leio-lhe os escritos e procuro a novidade. Onde está ela? Em parte alguma. O que há neles é berreiro e vociferações, manifestações de vaidade e impotência de criação.[10]

Creio, portanto, que o azedume demonstrado por Lima Barreto no artigo "O Futurismo" estava muito mais vinculado à badalada presença de António Ferro na imprensa – incluindo a *Klaxon* – e à sua vinculação ao movimento liderado pelo poeta italiano Marinetti, do que propriamente aos modernistas paulistas, a quem ele explicitamente poupa. Aliás, é admirável

---

7 *Klaxon*, São Paulo, n. 15, set. 1922, p. 14.

8 V. Cury, Maria Zilda Ferreira. *Horizontes modernistas: O jovem Drummond e seu grupo em papel jornal*. Belo Horizonte: Autêntica, 1998, p. 158-159.

9 *O Paiz*, Rio de Janeiro, 14 mar. 1923, p. 5.

10 *Careta*, Rio de Janeiro, 5 ago. 1922.

o tirocínio de Lima Barreto. Assim como Marinetti, António Ferro, que havia sido editor da revista modernista portuguesa *Orpheu*, que circulou em Portugal no primeiro semestre de 1915, tendo como principais colaboradores Fernando Pessoa e Mário de Sá-Carneiro, viria a abraçar com volúpia o fascismo. Ferro tornou-se titular da Secretaria de Propaganda Nacional de Portugal, entre 1933 e 1949, criada por sugestão dele, organismo responsável pela propaganda e pela política cultural do governo Salazar.

Este texto, "Esthetica do 'Ferro'", aparece na compilação *Impressões de leitura*, de Francisco de Assis Barbosa, lançada em 1956 pela editora Brasiliense e retomada por Beatriz Resende, com o título de *Impressões de leitura e outros textos críticos*, em 2017, pela Penguin & Companhia das Letras. Só que, em ambos os volumes, ele é dado como tendo sido publicado em 1907, quinze anos antes da data correta de sua divulgação.[11] Por isso, acredito, ninguém havia atentado para o fato de que se tratava, na verdade, de um segundo ataque contra os "futuristas" – como os modernistas então eram também chamados –, o que ocasionou uma arremetida furiosa contra Lima Barreto, na edição n.º 4 de *Klaxon*, de 15 de agosto de 1922. Em nota não assinada na coluna "Luzes & Refrações", o autor de *Recordações do escrivão Isaías Caminha* é chamado de "escritor de bairro" que, armado de uma "navalha", "desembocou duma das vielas da Saúde, gentilmente confiado nas suas rasteiras", e ainda xingado de ignorante...[12] A nota faz referência apenas ao primeiro artigo, de 22 de julho, até porque, quando o segundo artigo foi publicado, em 5 de agosto, a revista deveria já estar em gráfica.

---

[11] V. Resende, Beatriz (Org.). *Impressões de leitura e outros textos críticos*. São Paulo: Penguin; Companhia das Letras, 2017, p. 63.

[12] *Klaxon*, São Paulo, 15 ago. 1922, n. 4, p. 17.

Os modernistas não iriam mais tocar na questão da controvérsia com Lima Barreto, que morreria de colapso cardíaco no dia 1º de novembro daquele mesmo ano – mas também não iriam nunca perdoá-lo. No balanço intitulado *O movimento modernista*, Mário de Andrade confessa, em 1942, que, se eles, os paulistas, conheceram Manuel Bandeira "por um acaso de livraria", ignoravam, no entanto, os nomes de possíveis "elos precursores", citando Adelino Magalhães e Nestor Vítor – mas expressamente omitindo o nome de Lima Barreto,[13] ratificando uma injustiça que levaria décadas para ser reparada.

*****

Outro fator que pode ter afastado Lima Barreto dos modernistas paulistas são as relações mantidas com o grupo de Jackson de Figueiredo, fundador de uma corrente nacionalista católica vinculada a valores passadistas.[14] Figueiredo considerava Lima Barreto superior a Machado de Assis,[15] "mestre" no romance social contemporâneo e "primeiro de sua geração",[16] enquanto seu discípulo, Andrade Muricy – a quem, aliás, Lima Barreto dedicou uma de suas obras-primas, o conto "Clara dos Anjos", publicado na revista *América Latina*[17] –, dizia-o "sucessor mais completo e mais complexo"

---

[13] Andrade, Mário de. *O movimento modernista.* Rio de Janeiro: Casa do Estudante do Brasil, 1942, p. 24-25.

[14] V., neste livro, "No meio do caminho", p. 67.

[15] Em artigo publicado em *Lusitana*, de 10 de junho de 1916. Cf. Barbosa, Francisco de Assis. *A vida de Lima Barreto*. 8. ed. Rio de Janeiro: Academia Brasileira de Letras; José Olympio, 2002, p. 256.

[16] Numa e a ninfa. *Brazílea*, Rio de Janeiro, n. 5, p. 214, maio 1917.

[17] *América Latina*, Rio de Janeiro, n. 5, p. 330-339, dez. 1919.

de Manuel Antônio de Almeida[18] e "uma das mais fortes naturezas criadoras que temos possuído".[19]

A relação de Lima Barreto com Figueiredo levou-o a publicar na revista *Brazílea*, que tinha Figueiredo como diretor, Tasso da Silveira como redator e Muricy como colaborador, e circulou entre janeiro de 1917 e junho do ano seguinte. A participação de Lima Barreto nessa revista, nunca mencionada antes, ocorreu em três ocasiões. No n.º 3, de março de 1917, saiu o texto intitulado "Notícia sobre o 'Isaías Caminha'",[20] que se tornaria prefácio do romance *Recordações do escrivão Isaías Caminha*, a partir de sua segunda edição, revista e aumentada, lançada em setembro daquele mesmo ano. No n.º 7, de julho de 1917, Lima Barreto publicaria o capítulo XIV de *Os Bruzundangas*, que ainda levava o título de *Uma província da Bruzundanga*,[21] lançado postumamente em 1922. Finalmente, no n.º 15, de junho de 1918, seria publicado o texto "Alvarás, cartas régias, etc.",[22] recolhido pelo autor no volume *Feiras e mafuás*, lançado postumamente apenas em 1956, e reproduzido no volume I de *Toda crônica*, de Beatriz Resende e Rachel Valença, sem menção à data e lugar de sua publicação original.

■ Uma versão deste texto foi publicada anteriormente em:

Rascunho, Curitiba, dez. 2020, p. 18-19.

---

[18] Os prosadores. *América Latina*, Rio de Janeiro, n. 1, p. 80, ago. 1919.

[19] *América Latina*, Rio de Janeiro, n. 5, p. 405, dez. 1919.

[20] Ano 1, n. 3, p. 109-113, mar. 1917.

[21] Ano 1, n. 7, p. 300-303, jul. 1917.

[22] Ano 2, n. 15, p. 16-19, jun. 1918.

No meio do caminho

Para compreender a importância e a extensão do ideário propugnado pela Semana de Arte Moderna de 1922, precisamos nos deslocar do núcleo original de São Paulo e observar seus desdobramentos no restante do Brasil naquele momento. Entre 1922 e 1930, encontramos várias manifestações de grupos ditos modernistas nos estados, geralmente organizados em torno de revistas literárias, que iriam conformar, por meio de suas filiações estéticas, as tendências ideológicas que se digladiaram ao longo da Era Vargas (1930-1945), fornecendo, a meu ver, os alicerces da idade de ouro da prosa e da poesia brasileiras.[1]

Neste texto, proponho uma reflexão acerca da recepção das ideias modernistas no Rio de Janeiro, Minas Gerais e Sul do país,[2] e como os intelectuais de cada um desses lugares lograram assimilar, modificar e desenvolver um projeto que intentava colocar o Brasil em sincronia com mundo, não só em

---

[1] Estrearam ou consolidaram sua obra, nesse curto período de tempo, Graciliano Ramos, Dyonélio Machado, Cornélio Penna, José Lins do Rego, Cyro dos Anjos, Erico Veríssimo, Guimarães Rosa, Marques Rebelo, Rachel de Queiroz, Lúcio Cardoso, Jorge Amado, Clarice Lispector (na prosa), e Manuel Bandeira, Jorge de Lima, Raul Bopp, Cecília Meireles, Murilo Mendes, Carlos Drummond de Andrade, João Cabral de Melo Neto (na poesia).

[2] Para os desdobramentos do movimento modernista em outros estados: V., neste livro, "Revistas modernistas fora do eixo", p. 95.

matéria de literatura, como também na arquitetura, na música erudita, nas artes plásticas e gráficas, num processo que, muitas vezes dúbio em sua realização, com avanços e recuos, seria interrompido pelo golpe militar de 1964. Um programa, enfim, que, valorizando o local, aspirava ao universal.

É interessante observar, antes de mais nada, que a enganosa percepção de que a Semana de Arte Moderna teve imediata repercussão nacional deve-se exclusivamente ao papel desempenhado por Mário de Andrade, que, por meio de incansável atividade epistolográfica e publicista, criou uma narrativa, aceita ainda agora, de que toda a literatura posterior a 1922 é derivada dos esforços do grupo paulista. No entanto, considerar a produção da Geração de 30 como um bloco estético coeso, uma "segunda geração modernista", é uma imprecisão que não mais se justifica. Fato é, entretanto, indiscutível, que o trabalho de catequese desenvolvido por Mário de Andrade tornou-se essencial para pautar todas as discussões sobre um tópico, até hoje não equacionado, a construção de um projeto de nação para o Brasil, conceito ao qual ele subordinou toda sua obra, e em que, evidentemente, as artes ocupam um papel fundamental.[3]

Uma pergunta que devemos fazer é: por que um programa de reforma radical de nossas letras não nasceu na capital do país, o Rio de Janeiro, e sim numa cidade como São Paulo, de modesta tradição cultural? Sem nos estendermos por demais, a resposta pode estar no fato de que São Paulo, com cerca de 580 mil habitantes em 1920,[4] tornara-se o centro comercial

---

[3] De certa forma, Mário de Andrade retoma, atualiza e aprofunda várias das preocupações que José de Alencar formulara no século XIX. V., neste livro, "Alencar, fundador da literatura brasileira", p. 19.

[4] Para todas as referências populacionais cf. Brasil. Ministério da Agricultura, Indústria e Comércio. *População: população do Brasil por estados, municípios e distritos segundo o sexo, o estado civil e a nacionalidade. 1ª*

e financeiro mais importante do Brasil, o que possibilitava à aristocracia cafeeira patrocinar viagens à Europa a seus filhos e agregados, que lá tomavam consciência da grande revolução de valores – estéticos, políticos, espirituais – que já vinha sendo urdida desde o fim do século XIX e que se aprofundara com a tragédia da Primeira Guerra Mundial – e também pelo fato de ser uma cidade de modesta tradição cultural... Enquanto isso, o Rio de Janeiro mantinha-se assentado nos privilégios típicos de uma capital burocrática orgulhosa de seu passado, e, portanto, menos afeita a transformações extremadas.[5]

Alicerçada em sua influência política, resultante do poderio econômico, gradualmente São Paulo também conquistava papel preponderante no campo cultural. Em 1920, embora o Rio de Janeiro tivesse uma população duas vezes maior que a capital paulista, "contava com apenas cerca de dez livrarias de alguma importância no centro da cidade, ao passo que São Paulo já possuía o dobro desse número em verdadeiras editoras".[6] Essa conjunção de fatores – político, econômico, cultural – certamente contribuiu para que os intelectuais paulistas assumissem a liderança e a paternidade de um movimento de renovação estética, cujos fundamentos, embora se consolidassem apenas com a realização da Semana de Arte Moderna, já circulavam amplamente desde a década anterior.

Para tornar inquestionável sua precedência – e, por conseguinte, fortalecer suas posições –, os escritores paulistas procuraram acirrar a rivalidade com os cariocas, buscando impor um antagonismo artificial que identificava São Paulo com o

---

parte. Rio de Janeiro: Typographia da Estatística, 1926. (Recenseamento do Brasil, v. 4).

5 Gonçalves, Marcos Augusto. *1922: a semana que não terminou*. São Paulo: Companhia das Letras, 2012.

6 Hallewell, Laurence. *O livro no Brasil*. 2. ed. São Paulo: Edusp, 2005, p. 417.

futuro e o Rio de Janeiro com o passado. Em 1928, Mário de Andrade, no afã de subordinar todas as manifestações literárias posteriores a 1922 à iniciativa paulista, avalizou a revista *Festa: Mensário de Pensamento e Arte*,[7] com "interesse e simpatia", ressaltando, no entanto, o pioneirismo de São Paulo e mesmo a prioridade da revista *Estética*, também publicada no Rio de Janeiro, cinco anos antes.[8] Essa assertiva deve ser tomada como uma verdade bastante relativa, e razão tem Tasso da Silveira de contestá-la, em artigo publicado em junho daquele mesmo ano, no qual argumenta que, junto com Andrade Muricy, vinha advogando desde 1919 as mesmíssimas teses presentes em *Festa*, e acusa Mário de Andrade de usar uma cronologia "primitivista": "[Ele] pensa que basta a sua afirmação de que antes dele nada existiu para que de fato nada tenha existido".[9]

Na verdade, a parceria de Silveira e Muricy, juntamente com Jackson de Figueiredo, já existia desde 1917, quando, nas páginas de *Brazílea: Revista de Propaganda Nacionalista*,[10]

---

7 Em sua primeira fase, *Festa* teve treze números: três em agosto, novembro e dezembro de 1927; nove, mensalmente, entre janeiro e setembro de 1928; e um último, em janeiro de 1929. Na segunda fase, foram nove números: quatro publicados mensalmente entre julho e outubro de 1934, dois em dezembro de 1934 e janeiro de 1935, e outros três, trimestralmente, em março, maio e agosto de 1935.

8 Andrade, Mário de. O grupo de *Festa* e sua significação. *Festa*, Rio de Janeiro, ano 1, n. 6, p. 12, 1º mar. 1928.

9 Silveira, Tasso da. Cateretê n. 5 para sanfona e violão. *Festa*, Rio de Janeiro, ano 1, n. 9, p. 6, 15 jun. 1928.

10 *Brazílea* circulou mensalmente entre janeiro e dezembro de 1917; contou com mais uma edição dupla (13-14), equivalente a janeiro--fevereiro de 1918; e um último número (15), em junho de 1918. Voltou a ser publicada em 1931, como "mensário nacionalista", e desta segunda fase foram tirados quinze números mensalmente entre agosto daquele ano e outubro de 1932, e mais dez números duplos a partir de novembro-dezembro de 1932 até julho-agosto de 1933.

eles aparecem como redator, colaborador e diretor do periódico, respectivamente. Logo no editorial de estreia, a revista afirma destinar-se "exclusivamente à propaganda das coisas brasileiras" e propõe-se a desfraldar "o pendão do brasileirismo puro e integral".[11] Outro texto, intitulado "A guerra e o nosso programa", expõe uma plataforma de cinco itens que, de alguma maneira, também nortearia o grupo que dez anos mais tarde estaria à frente de *Festa*: manter a religião católica, apostólica, romana; nacionalizar o Brasil; sustentar a ordem constitucional republicana; fazer a propaganda do Brasil dentro do Brasil e estreitar a federação política e espiritual, divulgando a obra de Farias Brito.[12] Aliás, pelo menos dois desses itens antecipam teses dos modernistas paulistas...

Em 1918, Jackson de Figueiredo se converte ao catolicismo e, a partir daí, transforma-se em guia intelectual da dupla Silveira-Muricy, responsável por desenvolver uma série de projetos estético-ideológicos que culminarão em *Festa*, sendo o primeiro deles *América Latina: Revista de Arte e Pensamento*, lançado em 1919.[13] O editorial de estreia de *América Latina* prega o "apostolado de confraternização espiritual e cordial": "Nos limites da pátria brasileira, será uma publicação integralmente nacionalista. No círculo mais vasto das nações será o órgão de defesa do espírito latino-americano".[14] Em suas páginas, mesclados a autores menores do simbolismo, nos deparamos, por exemplo, com artigos de Ribeiro Couto (p. 36-41) apresentando a "Gente Nova de São Paulo" (Menotti Del Picchia, Guilherme de Almeida,

---

[11] *Brazílea*, Rio de Janeiro, n. 1, p. 3-4, jan. 1917.

[12] *Idem*, n. 10, p. 467-471, out. 1917.

[13] *América Latina* teve seis números: agosto, setembro, outubro-novembro (3-4), e dezembro de 1919, e um número duplo, o 6, referente a janeiro-fevereiro de 1920.

[14] *América Latina*, Rio de Janeiro, n. 1, p. 2, ago. 1919.

Afonso Schmidt, Sylvio Floreal e Paulo Gonçalves); de Ronald de Carvalho (p. 285-290) sobre "O nacionalismo na arte" e de Tasso da Silveira (p. 484-485) sobre o recém-lançado *Carnaval*, de Manuel Bandeira.

Para expressamente tentar engrossar "a turba 'futurista' de São Paulo", conforme palavras de Menotti Del Picchia,[15] Mário de Andrade, Oswald de Andrade e Armando Pamplona partem para o Rio de Janeiro no dia 20 de outubro de 1921. Lá, onde viviam Ribeiro Couto, Renato Almeida, Villa-Lobos, Álvaro Moreyra e Sérgio Buarque de Holanda, Mário de Andrade lerá os poemas de *Pauliceia desvairada* na casa de Ronald de Carvalho e depois na residência de Olegário Mariano, contando com a presença de Manuel Bandeira, cujo *Carnaval* havia sido descoberto numa livraria, em São Paulo, por Guilherme de Almeida. Nomes esses – Ribeiro Couto, Menotti Del Picchia, Guilherme de Almeida, Ronald de Carvalho, Renato Almeida e Manuel Bandeira – que não só já eram do conhecimento, mas contavam com grande apreço de Figueiredo, Silveira e Muricy, desde dois anos antes... É em 1921 também que Figueiredo lança o ensaio *Do nacionalismo na hora presente*, onde se pode ler que "a literatura brasileira não é mais a literatura portuguesa, e, se grandes são nossos laços culturais, não pouco diversas são nossas características".[16]

Sob a orientação de Dom Sebastião Leme, arcebispo-coadjutor do Rio de Janeiro, em maio de 1922 Figueiredo organiza o Centro Dom Vital, uma associação voltada para o

---

[15] *Apud* Brito, Mário da Silva. *História do modernismo brasileiro: Antecedentes da Semana de Arte Moderna*. 4. ed. Rio de Janeiro: Civilização Brasileira, 1974. p. 317.

[16] Figueiredo, Jackson de. *Do nacionalismo na hora presente: carta de um catholico sobre as razões do movimento nacionalista no Brazil e o que, em tal movimento, é possivel determinar*. Rio de Janeiro: Livraria Catholica, 1921, p. 60.

estudo, discussão e apostolado da religião católica, responsável pela publicação de *A Ordem*; ambas, revista e instituição, vinculadas ao pensamento tradicionalista de Louis de Bonald e Joseph de Maistre. Nesse mesmo ano, em São Paulo, realiza-se a Semana de Arte Moderna e, no Rio de Janeiro, Tasso da Silveira lança mais um periódico literário, *Árvore Nova: Revista do Movimento Cultural do Brasil*,[17] cuja circulação inicia-se poucos meses após o aparecimento de *Klaxon*.

Se América Latina ainda mantém algum vínculo com autores passadistas, *Árvore Nova* abre-se mais aos novos, demonstrando ampla receptividade para com os modernistas de primeira hora. Manuel Bandeira, além de um poema, escreve um texto altamente elogioso a *Pauliceia desvairada*, no qual faz uma defesa veemente do movimento encabeçado pelos paulistas;[18] Sérgio Buarque de Holanda divulga dois ensaios, sendo um deles sobre o expressionismo, no qual cita, com entusiasmo, o então recente aparecimento de *Klaxon*;[19] Guilherme

---

17 *Árvore Nova* teve quatro números: três, mensalmente, em agosto, setembro e outubro de 1922, e um último, datado como ano II, n. 1, em janeiro de 1923.

18 "Esse corajoso movimento que alastrou por toda a Europa e agora suscita em São Paulo um grupo de artistas como Brecheret, Mário de Andrade, Oswald de Andrade, Anita Malfatti, Rubens de Morais, Sérgio Buarque e tantos outros (leiam *Klaxon*!) não é uma mistificação efêmera, mas a integração definitiva na consciência artística de uma porção de coisas que antes oscilavam pesadamente e penosamente nos limbos do instinto. E que alegria ver refletido na arte o momento que vivemos!" (Bandeira, Manuel. Mário de Andrade. In: *Árvore Nova*. Rio de Janeiro, ano 1, n. 3, p. 163-164, out. 1922).

19 "Os movimentos modernistas tendentes a substituir e de certa forma continuar as formas persistentes da arte, já caducas e carunchosas, têm-se estendido nestes últimos 10 anos por todos os países civilizados mesmo os da *América Latina*. [...] Entre nós, o grupo extremista de *Klaxon* tem escandalizado alguns homens ingênuos e os 28.000.000 de imbecis que ainda existem em nosso país" (Holanda, Sérgio Buarque

de Almeida publica um poema; Jorge de Lima, dois ensaios; e José Lins do Rego apresenta os novos escritores pernambucanos, em texto emblemático pela ignorância demonstrada por ele em relação aos recentes acontecimentos de São Paulo.

Árvore Nova traz ainda a colaboração de Cecília Meireles e de seu marido, Fernando Correia Dias, responsável pela capa e ilustrações da revista, na casa de quem Silveira e Muricy, sob inspiração de Jackson de Figueiredo, iriam mais tarde desenvolver o projeto de *Festa*.[20] Antes, no entanto, Cecília Meireles e Correia Dias acompanharão Silveira em mais uma publicação, *Terra do Sol: Revista de Arte e Pensamento*, lançada em 1924,[21] que contou com extensa colaboração ensaística de Ronald de Carvalho, Ribeiro Couto e Renato Almeida, abordando temas relacionadas às artes brasileiras, sempre sob um enfoque nacionalista.

Portanto, se é indiscutível que São Paulo, ao lançar espetaculosamente a proposta modernista em 1922, provocou o rebuliço necessário para o rompimento definitivo com o passado, não é verdade que o Rio de Janeiro se mantinha, por essa época, subjugado pelo "parnasianismo ainda vitorioso", como afirma Menotti Del Picchia[22] – imagem equivocada que ainda perdura. *Festa* surge em 1927 como consolidação de um projeto cultural-ideológico que já vinha se articulando desde o final da década de 1910 – o que fica evidente, inclusive, pela persistência da inscrição "arte e pensamento" que

---

de. O Expressionismo. In: *Árvore Nova*. Rio de Janeiro, n. 2, p. 109, set. 1922). O outro artigo, intitulado "A literatura dramática na América Pré-Colombiana", havia sido publicado no número anterior.

[20] Silva, Mário Camarinha da. Tempo de Festa. In: *Festa*. Edição fac-similar. Rio de Janeiro: PLG – Comunicação; Inelivro, 1980. p. 15.

[21] Surgida em janeiro de 1924, durou dezesseis números em treze fascículos mensais, sendo os três últimos em dupla numeração.

[22] *Apud* Brito, *op. cit.*, p. 316.

acompanha *América Latina*, *Terra do Sol* e a própria *Festa*, e que está implícita em *Árvore Nova*, assinalando um sentido de continuidade –, alinhado, portanto, com os pressupostos de uma mudança estética, só que com mais "equilíbrio e espírito construtivo".[23] Esse projeto, aliás, se desdobraria na formação de um núcleo de escritores católicos conservadores, não mais sob a orientação de Jackson de Figueiredo, morto prematuramente em 1928, mas agora reunidos em torno de Alceu Amoroso Lima (Tristão de Athayde), que incluía nomes como Jorge de Lima, Cornélio Penna, José Geraldo Vieira, Murilo Mendes, Lúcia Miguel Pereira, Augusto Frederico Schmidt, Octávio de Faria, Lúcio Cardoso, Vinícius de Moraes e Adonias Filho, entre outros.

Curiosamente, o que Mário de Andrade observou de "modernista" em *Festa* – "letras minúsculas, bancando maiúsculas em nomes e títulos, com suas disposições tipográficas divertidas, com suas linguagens sintéticas e telegráficas, com seus versos livres, com suas afirmativas desassombradas a respeito de Bilac e outros ídolos"[24] – não encontramos em *Estética*... Publicada entre 1924 e 1925 a revista, dirigida por Sérgio Buarque de Holanda e Pedro Dantas (pseudônimo de Prudente de Moraes Neto, do ponto de vista gráfico, é um retrocesso em relação a Klaxon e muito mais bem-comportada que *Festa*.[25] E de seu quadro de colaboradores constam vários dos nomes também

[23] Andrade, Mário de. *O movimento modernista*. Rio de Janeiro: Casa do Estudante do Brasil, 1942, p. 24.

[24] Andrade, 1928, *op.cit.*

[25] O próprio título, *Estética*, não soa nada modernista... Pedro Dantas conta que o nome foi uma imposição de Graça Aranha, assim como o texto de apresentação da revista: "O generoso oferecimento do artigo de apresentação era irrecusável. O nome de *Estética*... Bom, Sérgio passou algumas noites a extrair de sua cultura, já então de opulência insondável, uma série de tangentes por onde pudéssemos justificar esse título" (Dantas, Pedro. Vida da estética e não estética da vida.

estampados em *América Latina*, *Árvore Nova* e *Terra do Sol* – Guilherme de Almeida, Menotti Del Picchia, Manuel Bandeira, Álvaro Moreyra, Ronald de Carvalho, Renato Almeida, além do próprio Sérgio Buarque de Holanda.

O que talvez dê à *Estética* um caráter diferenciado em relação às experiências levadas a cabo pela dupla Silveira-Muricy seja a atitude eminentemente crítica, que, em sua radicalidade, levaria Buarque de Holanda a promover, em 1926, o rompimento público com aqueles que chamou de "acadêmicos 'modernizantes'", ou seja, a maioria dos colaboradores publicados em sua revista um ano antes... Em texto intitulado "O lado oposto e os outros lados", Buarque de Holanda afirma que

> o academismo, por exemplo, em todas as suas várias modalidades – mesmo o academismo do grupo Graça Aranha-Ronald-Renato Almeida, mesmo o academismo de Guilherme de Almeida – já não é mais um inimigo, porque ele se agita num vazio e vive à custa de heranças. [...] Alguns de seus representantes – refiro-me sobretudo a Guilherme de Almeida e a Ronald de Carvalho – [...] aparentaram por certo tempo responder às instâncias da nossa geração. Mas hoje logo à primeira vista se sente que falharam irremediavelmente. O mais que eles fizeram foi criar uma poesia principalmente brilhante: isso prova que sujeitaram apenas uma matéria pobre e sem densidade. De certo modo continuaram a tradição da poesia, da literatura 'bibelô', que nós detestamos. [...] Houve um tempo em que esses autores foram tudo quanto havia de bom na literatura brasileira. No ponto em que estamos hoje eles não significam mais nada para nós.[26]

Estética. Edição fac-similar. Rio de Janeiro: Edições Gernasa, 1974, p. VIII).

[26] Holanda, Sérgio Buarque de. O lado oposto e os outros lados. *Revista do Brasil*. São Paulo; Rio de Janeiro, n. 3, p. 9-10, 15 out. 1926.

A este posicionamento, a que não faltou nem mesmo crítica a Mário de Andrade por sua "atitude intelectualista", contrapõe-se o balanço feito, bem mais tarde, por Pedro Dantas, ao afirmar que *Estética* se propusera duas metas principais:

> apresentar o modernismo antes em seus trabalhos de reconstrução que de demolição, deixando implícitas ou em segundo plano as contestações dos valores superados; e exercer a crítica do movimento de que participava, partindo do pressuposto de que só o próprio modernismo tinha condições para discutir e criticar suas proposições e suas obras, tão completa era, fora de seus quadros, a incompreensão das suas técnicas e dos seus fins.[27]

Esse procedimento, mais próximo à conciliação que ao rompimento, é o que pautará *A Revista*, que inicia suas atividades exatamente no mês em que *Estética* encerra as dela. Tendo à frente Carlos Drummond de Andrade, Martins de Almeida e Emílio Moura, *A Revista* também durará apenas três números,[28] e, também como sua congênere carioca, não mostra nenhum avanço do ponto de vista gráfico. Os nomes reunidos em torno de *A Revista* eram praticamente os mesmos que, nas páginas do jornal *Diário de Minas*, tentavam, desde 1920, firmar-se literariamente, bastante atrasados, aliás, em relação às discussões acaloradas que tomavam conta, desde há muito, da imprensa carioca e paulista.[29] Drummond e seus colegas – entre os quais poderíamos incluir ainda Pedro Nava, João Alphonsus e Cyro dos Anjos – demoraram a aderir ao

---

27 *Op. cit.*, p. XII.

28 *A Revista* teve três números mensais, entre julho e setembro de 1925.

29 Werneck, Humberto. *O desatino da rapaziada*: *Jornalistas e escritores em Minas Gerais*. Poços de Caldas: Instituto Moreira Salles; São Paulo: Companhia das Letras, 1998.

modernismo. Drummond afirma que, entre eles, a Semana de 22 "imediatamente, não repercutiu de modo algum"[30] e situa a conversão do grupo ao novo credo estético à passagem da caravana paulista por Belo Horizonte, em 1924.[31]

Tanto isso é verdade que, por essa época, Drummond permanecia ainda preso às suas origens penumbristas,[32] influência tardia de Álvaro Moreyra.[33] Em carta datada de 3 de junho de 1926 – portanto posterior à publicação de *A Revista* –, Drummond envia a Mário de Andrade um caderno de versos intitulado *Minha terra tem palmeiras*, constando de 62 poemas, entre os quais 23 dos que comporiam *Os 25 poemas da triste alegria*,[34] 20 que seriam aproveitados, com modificações, em *Alguma poesia*, seu livro de estreia, em 1930, e 19 rejeitados

---

30 Andrade, Carlos Drummond de. *A Semana* e os mineiros. *Correio da Manhã*, Rio de Janeiro, 21 fev. 1962, 1º caderno, p. 6.

31 Após passar o Carnaval no Rio de Janeiro, o grupo, formado por Oswald de Andrade e seu filho Nonê, Mário de Andrade, Olívia Guedes Penteado, Tarsila do Amaral, Gofredo Teles e René Thiollier, continuará a viagem de apresentação do Brasil ao poeta franco-suíço Blaise Cendrars, visitando as cidades históricas de Minas Gerais, a partir de Belo Horizonte.

32 Definido por Rodrigo Octavio Filho como "uma espécie de flecha de voo lento que, vindo de um decadentismo um tanto mórbido, influenciada por certo nefelibatismo passageiro, e por hermetismo que esteve em moda, atravessasse brilhantemente a zona simbolista para, ao fim do voo, criar e alimentar o Modernismo" (Octavio Filho, Rodrigo. *Simbolismo e Penumbrismo*. Rio de Janeiro: Livraria São José, 1970, p. 72).

33 Drummond admite que "quem mais exerceu influência na minha formação, no período de adolescência, foi um escritor menor, mas muito agradável, chamado Álvaro Moreyra" (*apud* Caminha, Edmilson. *Palavra de escritor*. Brasília: Thesaurus, 1995, p. 27-28).

34 Escritos entre 1922 e 1924, e renegados pelo autor, devido aos "convencionalismos e à artificialidade dos textos", foi publicado postumamente. Cf. Andrade, Carlos Drummond de. *Os 25 poemas da triste alegria*. Edição de Antonio Carlos Secchin. São Paulo: Cosac Naify, 2012.

e desaparecidos.[35] Apesar de Drummond advertir que a primeira parte do caderno compõe-se de "versos inferiores", fica claro que o poeta titubeia ainda em relação aos rumos a serem tomados, já que os envia à apreciação crítica do amigo.[36]

O projeto de *A Revista* demorou ainda um ano para se concretizar, após a passagem dos paulistas por Belo Horizonte, mas contou com o apadrinhamento entusiasmado de Mário de Andrade, que, antes de mais nada, orientou o grupo mineiro a constituir um espaço "em que o novo se misture com o velho",[37] o que também recomendava Manuel Bandeira em carta a Drummond: "Aconselho diplomacia nas relações com o passadismo mineiro. Aproximação e sova por meio de prosa raciocinadora. Porrada só como revide".[38] Assim, *A Revista* tornou-se talvez o mais moderado dos periódicos ditos modernistas – quase tanto quanto *Árvore Nova*, por exemplo. Se em suas páginas nos deparamos com prosa e poesia francamente vanguardistas, encontramos também textos vazados em linguagem e ideias ultrapassadas, como os de Magalhães Drummond – parente de Drummond e então diretor do *Diário de Minas*, onde trabalhava a maioria dos colaboradores de *A Revista*, e em cujas oficinas ela foi composta e impressa –,

---

[35] Cf. Gomes, Urânia Karim. *Carlos Drummond de Andrade: a poesia de penumbra em seus* 25 poemas da triste alegria. (Dissertação em Estudos de Literatura) – Instituto de Letras, Universidade Federal Fluminense. Niterói, 2017.

[36] Frota, Lélia Coelho (Org.). *Carlos & Mário: correspondência completa entre Carlos Drummond de Andrade (inédita) e Mário de Andrade.* Prefácio e notas de Silviano Santiago. Rio de Janeiro: Bem-te-vi, 2002, p. 220-222.

[37] *Apud* Cury, Maria Zilda Ferreira. *Horizontes modernistas: O jovem Drummond e seu grupo em papel jornal.* Belo Horizonte: Autêntica, 1998, p. 153.

[38] Bandeira, Manuel. *Poesia e prosa.* Rio de Janeiro: José Aguilar, 1958, v. 2, p. 1389.

Orosimbo Nonato, Alberto Deodato e A. J. Pereira da Silva, entre outros. Pedro Nava resume bem a questão, ao afirmar que os fundadores de *A Revista* eram "profundamente brasileiros, nacionalistas e tradicionalistas – apesar de nossa posição esteticamente avançada".[39]

Minas Gerais seria o único estado a conhecer manifestações ditas modernistas também fora da capital. Inaugurada em 1897, Belo Horizonte contava com 56 mil habitantes em 1920, praticamente o mesmo número de habitantes da segunda maior cidade, Juiz de Fora, com 52 mil, que, apesar de possuir uma imprensa forte, não originou nenhum grupamento vanguardista. Juiz de Fora ainda se mantinha bastante atrelada ao tradicionalismo da Academia Mineira de Letras, lá fundada em 1909 e transferida para Belo Horizonte em 1915, sendo que pelo menos três de seus membros, moradores da cidade, auferiam certo reconhecimento nacional: o romancista Gilberto de Alencar, o folclorista Lindolfo Gomes e o poeta Belmiro Braga, este, segundo colocado no concurso para eleger o príncipe dos poetas mineiros, promovido pelo *Diário de Minas*, em 1927, quando Drummond se encontrava à frente do jornal. Mas Juiz de Fora contribuiria com dois dos principais nomes do modernismo brasileiro, Pedro Nava e Murilo Mendes, além de ter sido tema do primeiro livro vanguardista publicado em terras mineiras, *Juiz de Fora: poema lírico*, de Austen Amaro, primo de Drummond, lançado em 1926, com ilustrações de Nava, cuja recepção suscitou acirrado embate na imprensa carioca entre Manuel Bandeira e João Alphonsus.[40] Mas o surto modernista se daria mesmo

---

39 Nava, Pedro. Recado de uma geração. *A Revista*. Edição fac-similar. São Paulo: Metal Leve, 1978. [s.p.]

40 Guimarães, Júlio Castañon. Em torno de um livro esquecido. In: Amaro, Austen. *Juiz de Fora: poema lírico*. Juiz de Fora: Funalfa Edições, 2004, p. 9-29.

em outros lugares do interior: Cataguases (12 mil habitantes), Itanhandu (5 mil habitantes) e Ubá (27 mil habitantes).

A revista *Verde*,[41] de Cataguases, talvez tenha sido o único periódico literário brasileiro a acompanhar mais de perto, embora de forma confusa, o espírito radical dos modernistas paulistas. Ela dispunha da estima e admiração tanto de Mário quanto de Oswald de Andrade, que chegaram mesmo a escrever um poema a quatro mãos, "Homenagem aos homens que agem", dedicado aos "ases de Cataguases".[42] Quando *Verde* começou a ser publicada, já não moravam na cidade três de seus quatro principais nomes: Ascânio Lopes e Guilhermino César encontravam-se em Belo Horizonte, e Francisco Inácio Peixoto, no Rio de Janeiro. Assim, coube ao mais jovem do grupo, e também o mais arrojado, Rosário Fusco, executar o projeto.[43]

Muito rápido, *Verde* conseguiu congregar em suas páginas o que de melhor havia, nacionalmente, de produção modernista, até porque, naquele momento, era a única revista de moldes reformadores em circulação, já que *Festa* e *Electrica*, suas contemporâneas, possuíam um viés mais conservador. Por meio da militância literária de Fusco, colaborações de peso foram chegando: Carlos Drummond de Andrade, Emílio Moura, Alcântara Machado, Mário de Andrade, Ribeiro Couto, Oswald de Andrade, João Alphonsus, Marques Rebelo, Guilherme de Almeida, Augusto Frederico Schmidt, José Américo de Almeida, Murilo Mendes, Pedro Nava, entre

---

[41] *Verde* teve quatro números mensais, entre setembro e dezembro de 1927, um quinto número, em maio de 1928 (com data de janeiro), e um sexto, em maio de 1929, homenagem a Ascânio Lopes, morto em janeiro daquele ano.

[42] Assinado como "Marioswald de Andrade", acredito que seja o único registro dessa parceria. V. *Verde*, Cataguases, ano 1, n. 4, p. 9, dez. 1927.

[43] Ruffato, Luiz. *A revista* Verde*, de Cataguases: contribuição à história do Modernismo*. Belo Horizonte: Autêntica, 2022.

muitos outros. Pelo elenco, percebe-se que a revista não tinha uma linha editorial muito clara, apesar da influência inconteste de Mário e Oswald de Andrade, que até aquele momento ainda não haviam rompido a amizade.

Em 1932, Mário de Andrade fará um balanço comparativo entre *A Revista* e *Verde*, com um saldo bastante positivo para a última:

> Os dois grupos mineiros, o de Belo Horizonte e o de Cataguases, se distinguem enormemente como psicologia coletiva. O de Cataguases, certamente não pôde apresentar figuras de valor pessoal tão notável como Carlos Drummond de Andrade na poesia e João Alphonsus na prosa. Porém teve uma realidade muito mais brilhante, e principalmente uma ação muito mais interestaduana e fecunda. No fundo, os artistas de Belo Horizonte eram muito mais capitalistas do que poderiam supor. E de fato o grupo se dissolveu no individualismo, e teve apenas a função burguesa de nos apresentar pelo menos dois escritores de grande valor. O grupo de Cataguases não produziu quem se compare com esses, mas com a revista *Verde* conseguiu a um tempo centralizar e arregimentar o movimento moderno no Brasil, coisa que a *Revista de Belo Horizonte* não conseguira. [...] A *Verde* chamava às armas, ao passo que a Revista nomeava generais

Também fundada em 1927, em Itanhandu, *Electrica: Revista moderna e ilustrada do Sul de Minas*[44] deveu sua existência

---

[44] *Electrica* teve seis números mensalmente entre maio e outubro de 1927, e um número duplo, 7-8, em novembro-dezembro daquele ano. Em janeiro–fevereiro de 1928 saiu o primeiro número da segunda série, e em maio o segundo e último, comemorando um ano de publicação (cf. Lopes, Hélio. *Uma revista do modernismo*. São Paulo, *O Estado de S. Paulo*, 7 out. 1979. Suplemento Cultural, ano III, n. 153, p. 7).

quase que exclusivamente ao poeta Heitor Alves, que, tuberculoso, deixou o Rio de Janeiro para tratar-se naquela cidade, onde se tornou professor no Ginásio Sul-Mineiro. Alves contou com o incentivo de Ribeiro Couto, na época promotor de justiça na vizinha Pouso Alto, e com o auxílio de Heli Menegale, responsável pelo acompanhamento da impressão da revista em Passa Quatro, onde morava. Além dos citados, colaboraram com *Electrica*, entre outros, Carlos Drummond de Andrade, Pedro Nava, Murilo Araújo e Tasso da Silveira, a quem Alves era ligado. A repercussão da obra solitária de Heitor Alves ultrapassou as fronteiras estaduais, merecendo boas críticas em *Festa*[45] e até mesmo na *Revista de Antropofagia*, na qual Alcântara Machado saudou-a com essas palavras:

> O movimento de 1922 levou assim alguns anos para chegar a Itanhandu. Em compensação teve um desembarque de arromba. Heitor Alves sozinho se incumbiu do hino nacional, dos foguetes, dos arcos de triunfo, do vivório, dos discursos e do resto.[46]

Em Ubá, publicou-se *Montanha*, que contou apenas com um número, em maio de 1929. À frente da revista encontrava-se Martins de Oliveira, que teve poemas publicados no *Diário de Minas*, sob os cuidados de Carlos Drummond de Andrade, que o convidou ainda a responder a enquete literária que coordenava naquele jornal.[47] "*Montanha* é o grito do homem do

---

[45] Silveira, Tasso da. A vida em movimento. In: *Festa*, Rio de Janeiro, ano 1, n. 8, p. 21-22, 15 maio 1928.

[46] Machado, Antônio de Alcântara. 1 crítico e 1 poeta. In: *Revista de Antropofagia*, São Paulo, ano 1, n. 9, p. 4, jan. 1929.

[47] As respostas de Martins de Oliveira saíram na edição de 19 de maio de 1929 (cf. Oliveira, Martins de. *História da Literatura Mineira*. 2. ed. Belo Horizonte: Imprensa Oficial, 1963. p. 339-343).

interior. Do homem das alturas. Do homem esquecido. Grito de consciência. Grito de mocidade", assim dizia seu editorial. Repudiando o "africanismo de encomenda", e o "sentimento postiço do indianismo de gabinete", proscrevendo "o lirismo urbano ou suburbano", *Montanha* queria, "na revisão dos valores, no tumulto das pesquisas, na confusão da hora americana, a expressão da brasilidade".[48] Além da participação de autores locais, a revista contou com a colaboração de João Dornas Filho e Achilles Vivacqua, que lideraram a última manifestação modernista em Minas Gerais, *Leite Criôlo*.

Leite Criôlo apareceu, inicialmente, como um tabloide de oito páginas, distribuído gratuitamente pelas ruas de Belo Horizonte no dia 13 de maio de 1929, comemorando, portanto, os 41 anos da Abolição da Escravatura. Depois, tornou-se suplemento publicado no *Estado de Minas*, jornal que tinha começado a circular havia pouco mais de um ano.[49] Além de Dornas Filho e Vivacqua, contava com Guilhermino César como um de seus diretores – e por isso encontramos um verdadeiro intercâmbio de colaborações entre *Leite Criôlo*, *Verde* e *Montanha*, e ainda com a *Revista de Antropofagia*. Mas *Leite Criôlo* foi uma experiência tão problemática que Guilhermino César praticamente a apagou de sua biografia.[50]

Numa coluna intitulada "Expansão antropofágica", a *Revista de Antropofagia* anunciava o aparecimento de *Leite*

---

[48] *Montanha*: os verdes poetas de Ubá. *Suplemento Literário de Minas Gerais*. Belo Horizonte, n. 306, p. 9, 8 jul. 1972.

[49] Como suplemento, *Leite Criôlo* foi publicado, semanalmente, ocupando entre metade e um quarto de página, entre 2 de junho a 29 de setembro de 1929, num total de 19 edições.

[50] Em toda sua extensa obra, ativa e passiva, não há quase nenhuma referência à sua participação em *Leite Criôlo*. Cf. Campos, Maria do Carmo (Org.) Guilhermino César: *Memória e Horizonte*. Porto Alegre: Editora da UFRGS, 2010.

Criôlo, "um jornal [...] dentro da mentalidade antropofágica",[51] filiação que Dornas Filho reitera ao afirmar que o crioulismo, "movimento literário, filosófico e religioso, mas sem estrangice", tem como finalidade mais ou menos o mesmo que a antropofagia: "Talvez o caminho é que tenha umas pequenas variantes, que absolutamente não nos desviarão do fim desejado".[52] Mais tarde, por razões afetivas, e não ideológicas, o grupo romperá com Oswald de Andrade. Antônio Sérgio Bueno afirma que, embora existam claros pontos de contato entre o crioulismo e a antropofagia, o que ressalta é uma diferença fundamental:

> a Antropofagia glorifica o índio em seu aspecto físico e sua vivência natural, enquanto o Crioulismo despreza o negro no seu corpo e nos seus valores culturais e o convida a se transformar. O índio é o "ponto de partida da operação orgânica da qual surgiu, surge e surgirá o brasileiro", enquanto o negro continua sempre como entidade degenerada, perigosa.[53]

E isso transparece nos vários textos doutrinários do movimento, particularmente naqueles publicados no panfleto inicial, que de alguma forma podem ser tomados como discurso programático, como, só a título de exemplo, o artigo de Achilles Vivacqua intitulado "Defesa da alegria":

---

[51] Clube de Antropofagia de Minas Gerais. *Diário de São Paulo*, São Paulo, 12 jun. 1929. *Revista de Antropofagia*. 10º número, 2ª dentição, p. 10.

[52] Entrevista do escritor mineiro João Dornas Filho. *Diário de São Paulo*, São Paulo, 19 jun. 1929. *Revista de Antropofagia*. 11º número, 2ª dentição, p. 10.

[53] Bueno, António Sérgio. *O modernismo em Belo Horizonte: década de vinte*. 1. ed. Belo Horizonte: UFMG/Proed, 1982, p. 175.

> O que nos interessa é entrar em conflito com a nossa nostalgia. Eugenia para a alma brasileira. Eugenizar. Não o negro. Esse, por si mesmo, se anula pela mestiçagem. Todo o Brasil, sim. Fazê-lo feliz. Obter, seletivamente, tipos que melhorem a nossa raça.[54]

Como lembra Miguel de Ávila Duarte,

> a ambiguidade do tratamento dado ao negro em leite criôlo, reconhecido ao mesmo tempo como uma das primeiras preocupações do movimento com o tema, contrasta com o *topos* firmemente assentado de que o Modernismo teria por marca exatamente a inclusão da herança negra no patrimônio e identidade brasileiras.[55]

Em tudo oposta a polêmicas, em Porto Alegre, na época a sexta maior cidade do Brasil, com cerca de 180 mil habitantes, circulou *Madrugada*. Publicada a partir de setembro em 1926,[56] a revista, que mesclava crônica mundana e literatura, nasceu exatamente um ano após a passagem de Guilherme de Almeida pela cidade, quando pronunciou a conferência "A revelação do Brasil pela poesia modernista". Fundada por um grupo de intelectuais liderados por Augusto Meyer e Theodomiro Tostes, *Madrugada*, conforme Cida Golin e Paula Viviane Ramos, "expressou as características refratárias e pouco radicais do movimento modernista no estado. [...]

---

[54] Vivacqua, Achilles. Defesa da alegria. *Leite Criôlo*, Belo Horizonte, ano 1, n. 1, p. 7, 13 maio 1929.

[55] Duarte, Miguel de Ávila. Estudo crítico. In: *Leite Criôlo*. Edição fac-similar. Belo Horizonte: Instituto Cultural Amílcar Martins, 2012, p. 41.

[56] Foram cinco números, todos publicados em 1926, sendo os três primeiros semanais (5, 12 e 19 de setembro), o quarto número em 3 de outubro e o último em 4 de dezembro.

Em tom conciliatório, reflete a dificuldade da elite letrada sulina em romper com a tradição".[57]

O grupo de *Madrugada* mostrava-se, de alguma forma, bastante atualizado com o que ocorria no Rio de Janeiro e São Paulo, mas a literatura local ainda era – e assim permaneceu por algum tempo – muito influenciada pelo simbolismo e pelo regionalismo, e isso se reflete claramente nas páginas da revista. Os poemas modernistas de Augusto Meyer, Theodomiro Tostes, Ruy Cirne Lima e Athos Damasceno Ferreira ocupam praticamente o mesmo espaço que os textos regionalistas de Alcides Maya, Simões Lopes Neto e Roque Callage, e os simbolistas de Cruz e Sousa, Alceu Wamosy e Alphonsus de Guimaraens – de fora do Rio Grande do Sul, registram-se apenas as colaborações modernistas de Cecília Meireles, Guilherme de Almeida e Osvaldo Orico.

Moysés Vellinho chega a justificar que

> [...] o novo credo penetrava no Rio Grande do Sul e aqui se instalava sem barulho, quase imperceptivelmente. Não será porque entre nós o regionalismo literário se antecipara, de certo modo, às intenções do modernismo?[58]

Argumento que não deixa de ser um contrassenso, se lembrarmos que Mário de Andrade refutava com veemência o regionalismo, que, segundo ele, "torna a pátria exótica e a esfacela sem precisão",[59] e que

---

[57] Golin, Cida; Ramos, Paula Viviane. Jornalismo cultural no Rio Grande do Sul: a modernidade nas páginas da revista *Madrugada* (1926). *Revista FAMECOS: mídia, cultura e tecnologia*, Porto Alegre, n. 33, p. 112, ago. 2007.

[58] Meyer, Augusto. *Letras da província*. 2. ed. Rio de Janeiro; Porto Alegre; São Paulo: Editora Globo, 1960, p. 33.

[59] *Apud* Barros, Jayme de. Como pensam e como sentem os homens moços do Brasil. *O Paiz*, Rio de Janeiro, 2 jul. 1926, p. 1.

> não adianta nada [...] para a consciência de nacionalidade. Antes a conspurca e a depaupera, lhe estreitando por demais o campo de manifestação e por isso a realidade. O regionalismo é uma praga antinacional.[60]

Certo é que, embora o regionalismo tenha ganhado novo fôlego na década de 1920, com a publicação de obras como *No galpão*, de Darcy Azambuja, e *Tropilha crioula*, de Vargas Neto, o que demonstra, segundo Augusto Meyer, um "ponto de contato entre o modernismo e a tradição regionalista",[61] a literatura do Rio Grande do Sul que conquistou lugar além das fronteiras do estado foi a urbana de Erico Veríssimo e Dyonélio Machado. Talvez por isso, ao relembrar o advento do modernismo em Porto Alegre, Meyer não evoque a revista *Madrugada*, mas sim a *Página Literária*, publicada semanalmente no jornal *Diário de Notícias*, em dois períodos: entre 8 de maio de 1927 e 17 de março de 1929; e entre 4 de maio de 1930 e 11 de outubro de 1931.[62]

O primeiro período esteve mais voltado para a produção local – além de representantes do regionalismo tradicional (Apolinário Porto Alegre, Simões Lopes Neto, Roque Callage) e renovado (Vargas Neto, Darcy Azambuja), encontramos colaborações de Augusto Meyer, Ruy Cirne Lima, Theodomiro Tostes, De Souza Jr., Ernani Fornari e Dyonélio Machado, e uma pequena, eclética e pouco representativa contribuição de fora: Álvaro Moreyra, Tasso da Silveira, Graça Aranha, Plínio Salgado, Nestor Vítor, Medeiros e Albuquerque, Cornélio Pires, Malba Tahan, Gustavo Barroso. Mas a segunda fase,

---

[60] Andrade, Mário de. Regionalismo. *Diário Nacional*, São Paulo, 14 fev. 1928, p. 2.

[61] Meyer, Augusto. Houve um modernismo gaúcho com traços peculiares. *Diário Carioca*, Rio de Janeiro, 16 mar. 1952, 2ª Secção, p. 6.

[62] *Apud* Perez, Renard. *Escritores brasileiros contemporâneos*. 1ª série. 2. ed. Rio de Janeiro: Civilização Brasileira, 1970, p. 58.

conquanto menos duradoura, sem dúvida ganhou mais significado. Além de vários dos autores locais da primeira fase, surgem novos nomes (Vianna Moog, Cyro Martins, Mario Quintana, Erico Veríssimo), traduzem-se estrangeiros (Charles Vildrac, Paul Valéry, Jean Cocteau, Paul Morand, Ramón Gómez de la Serna, Juana de Ibarbourou, Rabindranath Tagore) e publicam-se escritores conhecidos nacionalmente (Manuel Bandeira, Mário de Andrade, Carlos Drummond de Andrade, Augusto Frederico Schmidt, Rachel de Queiroz).[63] Nesse sentido, vale também destacar, como importantes fatores para a circulação das novas ideias estéticas no Rio Grande do Sul, a ampliação das atividades da Editora Globo e a criação da *Revista do Globo*, que, em 1931, Erico Veríssimo passou a dirigir, e que ajudaram a tornar Porto Alegre o terceiro mais importante centro cultural do país, depois do Rio de Janeiro e São Paulo.

Encerrando este breve panorama, constata-se um estranho fenômeno: a demora da chegada do modernismo no Paraná e Santa Catarina, o que ocorreu somente no final da década de 1940, quando já devidamente consolidado no resto do país, apesar de a revista *Madrugada* registrar a ida de um de seus colaboradores, De Souza Jr., a Curitiba e Florianópolis, em setembro de 1927, para estabelecer um intercâmbio cultural com os intelectuais locais.[64] Wilson Martins, ao fazer um levantamento da literatura paranaense, afirma que são "tocantes os esforços para provar que, apesar de tudo, houve um movimento modernista no Paraná, ou pelo menos alguns escritores modernistas"[65] – e cita dois ou três nomes isolados para provar

---

[63] Cf. Leite, Lígia Chiappini Moraes. *Modernismo no Rio Grande do Sul: materiais para o seu estudo*. São Paulo: Instituto de Estudos Brasileiros da USP, 1972.

[64] *Idem*, 1972, p. 209.

[65] Martins, Wilson. *Literatura paranaense: mitos e realidades*. Florianópolis: Museu; Arquivo da Poesia Manuscrita, 1999, p. 10.

que o movimento não rendeu ali frutos.[66] Na verdade, somente em 1946, com o lançamento da revista *Joaquim*,[67] empenho individual de Dalton Trevisan, começa a haver renovação das letras daquele estado – provocativamente, Trevisan chega a proclamar que "a literatura paranaense inicia agora".[68]

Em Santa Catarina, o modernismo aportou por meio do Círculo de Arte Moderna, que, a partir de 1948, tentou implementar as artes naquele estado, não só com relação à literatura, mas também no cinema, teatro e artes plásticas. O grupo publicou a revista *Sul*,[69] tendo à frente Aníbal Nunes Pires, Salim Miguel e Eglê Malheiros, entre outros, que perdurou por dez anos e se desdobrou em atividades editoriais, com sete publicações dos *Cadernos Sul* e de oito livros sob o selo Edições Sul, entre 1949 e 1957.[70]

Num texto fundamental, intitulado "Plataforma de uma geração", datado de 15 de julho de 1943, Antonio Candido afirma:

---

[66] Lembrando a origem de Andrade Muricy e Tasso da Silveira, Miguel Sanches Neto afirma: "o programa da revista carioca *Festa* é um desdobramento das publicações simbolistas e uma interferência direta de escritores paranaenses, que exercem uma força antimaterialista e antinacionalista dentro do Modernismo brasileiro". Brevíssima história das publicações literárias do Paraná (Sanches Neto, Miguel. Brevíssima história das publicações literárias do Paraná. *Cândido*, Curitiba, n. 100, p. 29, nov. 2019).

[67] *Joaquim* teve 21 números entre abril de 1946 e dezembro de 1948, com periodicidade irregular.

[68] Trevisan, Dalton. A geração dos vinte anos na ilha. *Joaquim*, ano 1, n. 9, p. 3, mar. 1947.

[69] A revista tirou 30 edições, entre janeiro de 1948 e dezembro de 1957, com periodicidade bastante irregular.

[70] Cf. Guerra, Rogério F.; Blass, Arno. Grupo Sul e a Revolução Modernista em Santa Catarina. *Revista de Ciências Humanas da UFSC*, Florianópolis, v. 43, n. 1, p. 9-95, abr. 2009.

> Você não encontrará influência de Oswald, ou de Mário, ou de Menotti ou de Guilherme de Almeida. Encontrará, conforme o caso, muito amor pela obra deles: muito entusiasmo pela sua ação. E mais nada. A sua influência foi mínima. Somos seus continuadores por uma questão de inevitável continuidade histórica e cultural.[71]

O modernismo literário, que teve sua fase radical ou doutrinária ao longo da década de 1920, mostraria, nos conturbados anos subsequentes, um caráter bem menos inovador. A Revolução de 1930, que guindou ao poder Getúlio Vargas, foi a vitória do pensamento liberal conservador, que, contrariando os interesses dos cafeicultores paulistas, intentava modernizar o país, apoiado no exercício de uma política de viés autoritário. Mário de Andrade, em seu lúcido balanço sobre a Semana de Arte Moderna, afirma que "é justo por esta data de 1930, que principia para a Inteligência brasileira uma fase mais calma, mais modesta e quotidiana, mais proletária, por assim dizer, de construção".[72]

Nesse sentido, a dupla derrota política de São Paulo, em 1930 e 1932, provou-se também constituir um revés cultural. A literatura que se impôs a partir daí não foi a supranacional pregada por Mário de Andrade ou a experimental levada a cabo por Oswald de Andrade, das quais *Macunaíma* e *Memórias sentimentais de João Miramar* são exemplos, mas sim a conciliatória dos grupos mineiro, gaúcho e carioca, e a antimodernista dos nordestinos. A poesia conformou-se, equilibrada entre tradição e modernidade, na obra de Manuel Bandeira, Jorge de Lima, Cecília Meireles, Murilo Mendes e Carlos

---

[71] Candido, Antonio. *Textos de intervenção*. Seleção, apresentação e notas de Vinícius Dantas. São Paulo: Livraria Duas Cidades; Editora 34, 2002, p. 243.

[72] Andrade, 1942, p. 43, *op. cit.*

Drummond de Andrade, enquanto a prosa se desdobrou em três vertentes inconciliáveis: a rural intimista católica de Lúcio Cardoso e Cornélio Penna; a urbana de costumes, de Cyro dos Anjos, João Alphonsus, Erico Veríssimo e Marques Rebelo; e o preponderante regionalismo nordestino, que Oswald de Andrade chamava de "literatura de tração animal",[73] que, refutando a influência direta da Semana de Arte Moderna, inventa até mesmo a sua própria tradição, como o controverso "Manifesto Regionalista", lido na abertura do Congresso Regionalista, no dia 11 de fevereiro de 1926, por Gilberto Freyre.[74]

Talvez um dos fatos mais importantes decorrentes da Revolução de 1930, no âmbito cultural, tenha sido a adoção de alguns pressupostos do modernismo como política de Estado, principalmente com a ida de Gustavo Capanema para o ministério da Educação e Saúde, onde permaneceu por onze anos, tendo Carlos Drummond de Andrade como seu chefe de gabinete. O governo Vargas conseguiu aliciar quase todos os nomes proeminentes do modernismo. Cassiano Ricardo e Menotti Del Picchia foram diretores dos jornais *A Manhã*, do Rio de Janeiro, e *A Noite*, de São Paulo, respectivamente, órgãos oficiais do Estado Novo – *A Manhã* ainda contava com o mais prestigioso suplemento literário da época, *Autores e Livros*, dirigido por Múcio Leão. Augusto Meyer dirigiu o Instituto Nacional do Livro, entre 1938 e 1956, instituição que contou com Sérgio Buarque de Holanda na direção da seção de publicações entre 1937 e 1944. Mário de Andrade exerceu o cargo de diretor do Instituto de Artes da Universidade do Distrito Federal, no Rio de Janeiro, entre 1938 e 1941. A revista *Cultura Política*, que existiu entre 1941 e 1945, ligada ao

---

73 Andrade, Oswald de. Dois emancipados. In: *Estética e política*. São Paulo: Globo, 1992, p. 66.

74 V., neste livro, "Maceió, 1930", p. 113.

Departamento de Imprensa e Propaganda (DIP), contou com colaboração ativa de nomes como Graciliano Ramos, Pedro Dantas, Lúcio Cardoso, Marques Rebelo, Rosário Fusco,[75] entre outros; e a revista luso-brasileira *Atlântico*, publicada entre 1942 e 1950, também ligada ao DIP e ao Secretariado de Propaganda Nacional, do governo Salazar, contou com a colaboração de Mário de Andrade, Cecília Meireles, Carlos Drummond de Andrade, Jorge de Lima, José Lins do Rego, Erico Veríssimo, Tasso da Silveira, Ribeiro Couto, Rachel de Queiroz, Marques Rebelo, Graciliano Ramos, entre outros.

Além do mais, ao longo da Era Vargas, cinco dos modernistas de primeira hora entraram para os quadros da tão anteriormente atacada Academia Brasileira de Letras: Guilherme de Almeida (1930), Ribeiro Couto (1934), Cassiano Ricardo (1937), Manuel Bandeira (1940) e Menotti Del Picchia (1943). Enfim, com Vargas, o Rio de Janeiro retoma o seu lugar de centro de irradiação da cultura nacional, que ainda manteria praticamente ao longo de todo o restante do século XX, apesar de começar a entrar em decadência, a partir de 1960, quando deixa de ser a capital da República.

■ Uma versão deste texto foi publicada anteriormente em:

Andrade, Gênese (Org.). *Modernismos: 1922-2022*. São Paulo: Cia das Letras, 2022, p. 348-379.

[75] V., neste livro, “Achegas para tentar compreender o silêncio que recaiu sobre Rosário Fusco”, p. 161.

Revistas modernistas fora do eixo

Embora Lima Barreto usasse uma língua francamente "brasileira" em seus textos, Adelino Magalhães utilizasse recursos formais experimentais em seus contos, e vários poetas manipulassem o verso livre desde a virada do século XIX para o século XX, não há dúvida de que somente com a realização da Semana de Arte Moderna, entre 11 e 17 de fevereiro de 1922, em São Paulo, pode-se falar em disseminação das ideias vanguardistas no Brasil. O fenômeno, entretanto, encontra-se ainda hoje desigualmente estudado pela nossa historiografia.

Centro de propagação do movimento, São Paulo, já na época importante motor econômico e político do país graças à cafeicultura, acabou impondo uma narrativa dos acontecimentos, ponto de vista que ainda prevalece, na qual prepondera o papel dos periódicos paulistas, e, mais ainda, daqueles ligados ao grupo reunido em torno de Mário de Andrade e Oswald de Andrade, em detrimento de outros grupos e de outras manifestações ocorridas Brasil afora. Assim, modernismo paulista se tornou sinônimo de modernismo brasileiro.

No entanto, ao nos debruçarmos sobre a história da imprensa nos anos 1920, não há como fugir à constatação de que, embora São Paulo fosse o núcleo irradiador do modernismo, novas ideias estéticas a respeito da literatura ganhavam eco, alcançando até as mais distantes capitais. Ou seja, vamos encontrar manifestações vanguardistas muito além de São Paulo, Rio de Janeiro, Minas Gerais e Rio Grande do Sul.[1] Salvador não teve apenas uma, mas duas revistas concorrendo entre si: *Arco & Flexa* e *Samba*. *Era Nova*, de João Pessoa (na época, chamada Parahyba do Norte), embora não fosse uma publicação literária, encampou a divulgação das ideias modernistas – assim como *Belém Nova*, em Belém, e *Redempção*, em Manaus. Fortaleza contou com o suplemento *Maracajá*, que saía encartado no jornal *O Povo*, e Recife desenvolveu uma dinâmica própria, com Gilberto Freyre encabeçando uma corrente regionalista, em contraponto ao modernismo marioswaldiano de Joaquim Inojosa. Maceió também desempenharia papel importante nos limiares dos anos 1930.[2] É esse levantamento, mais largo que profundo, das variadas manifestações ocorridas neste período nas regiões Norte e Nordeste do Brasil que passamos a listar, feito, quando possível, a partir da consulta a fontes primárias.

Ainda em 1921, dois grupos de jovens intelectuais dominavam a cena literária de Belém do Pará: um, que se reunia no Largo da Pólvora, a Academia ao Ar Livre; outro, que mantinha encontros nos bares do Mercado Ver-O-Peso, a Academia do Peixe-Frito – ambos os apelidos obviamente autoirônicos. Em 1922, os dois grupos se juntaram para formar a Associação dos Novos, também conhecida como Vândalos do Apocalipse,[3] que, apesar de constituir um reduto de disseminação de ideias vanguardistas, mostrou-se bastante conciliador ao fundar a revista *Belém Nova*, no ano seguinte. O periódico, de impressionante longevidade, serviu de palco

---

[1] V., neste livro, "No meio do caminho", p. 67.

[2] V., neste livro, "Maceió, 1930", p. 113.

[3] Figueiredo, Aldrin Moura de. *Os vândalos do apocalipse e outras histórias: arte e literatura no Pará na década de 1920*. Belém: Instituto de Artes do Pará, 2012.

tanto para a exposição de teses modernistas quanto para a publicação de autores passadistas.

Dirigida por Bruno de Menezes,[4] autor do primeiro livro modernista do Norte-Nordeste, *Bailado lunar*, de 1924, a revista reunia um grande grupo com interesses diversos, como Abguar Bastos, De Campos Ribeiro, Santana Marques, Nunes Pereira, Paulo de Oliveira, Severino Silva, Dejard de Mendonça, Edgar Proença, Eustáquio de Azevedo, Rocha Moreira, José Simões, Muniz Barreto, Elmano Queiroz, Jacques Flores, Nuno Vieira, Lindolfo Mesquita e Clóvis de Gusmão, entre outros. Este último se revelaria entusiasmado discípulo de Oswald de Andrade, a ponto de, radicado no Rio de Janeiro, ter promovido uma chamada "terceira dentição" da *Revista de Antropofagia*: dez edições publicadas na revista semanal *O Q A*, entre 29 de agosto e 5 de dezembro em 1929, conforme descoberta do pesquisador Jason Tércio.[5]

Belém Nova surgiu como revista literária, mas, ao longo de suas atividades, tornou-se periódico ilustrado de múltiplos focos, algo bastante comum na época, sendo *Fon-Fon*, do Rio de Janeiro, modelo exitoso. Lançada em 19 de setembro de 1923, *Belém Nova* teve duas fases: a primeira, com 76 números, tiragens quinzenais de até cinco mil exemplares, encerrou as atividades em 30 de outubro de 1927. Bruno de Menezes, que havia deixado o comando do periódico no início de 1927, retomou a revista, que, na segunda fase, circulou entre 18 de agosto de 1928 e 15 de abril de 1929.

Em editorial intitulado "Pra frente", publicado no número 4, de 31 de outubro de 1923, Menezes reclama da indiferença do público local para o debate da expressão literária e conclama à valorização das "publicações regionais",

---

4 Rocha, Alonso *et al. Bruno de Menezes ou a sutileza da transição*. Belém: CEJUP; Universidade Federal do Pará, 1994.

5 V. *Folha de S.Paulo*. São Paulo, 26 jun. 2021. Ilustríssima.

seguindo a tendência dos estados do Sul, onde era "flagrante o domínio de uma forte corrente intelectual, semeadora do bom gosto estético".[6] No número seguinte, publicado em 10 de novembro de 1923, em outro editorial, "Uma reação necessária", ele aprofunda seus argumentos, concitando ao hasteamento da "bandeira rubra do futurismo" contra os "líricos e neoparnasianos" a fim de criar uma "nova escola literária" no Pará.[7]

Naquele mesmo número, Abguar Bastos, em texto intitulado "À geração que surge", assume um posicionamento mais extremado: "É chegada para o Norte brasileiro, a hora extraordinária do levantamento. Ergamo-nos!". Reclamando que o Sul, "propositadamente, se esquece de nós", apela para o Pará assumir o "baluarte da liberdade nortista": "que Bahia, Pernambuco, Alagoas, Rio Grande do Norte, Paraíba, Ceará, Maranhão e Amazonas se unam, se fraternizem para o apoio da nossa Renascença!", para "que o intercâmbio entre esses estados seja um fato nacional!". [8]

Anos depois, no número 74, de 15 de setembro de 1927, Abguar Bastos publicaria um novo manifesto, "Flami-n'-assú", no qual radicaliza ainda mais seu discurso. No texto, Bastos afirma que não se trata de um "apelo de audácia nem de reclamo", mas sim de um "apelo de necessidade e independência", e reivindica uma corrente de pensamento, "cara a cara à que se inicia no Sul com esta pele genuína: 'Pau brasil'", cujos preceitos "rasgaram, pois, as redes do passadismo e deixaram passar a piracema da mais alta expressão da independência

---

[6] Menezes, Bruno de. Pra frente. *Belém Nova*, Belém, n. 4, 31 out. 1923.

[7] Menezes, Bruno de. Uma reação necessária. *Belém Nova*, Belém, n. 5, 10 nov. 1923.

[8] Bastos, Abguar. À geração que surge. *Belém Nova*, Belém, n. 5, 10 nov. 1923.

emocional". Apesar disso, não considera Pau-brasil "o próprio volume da nacionalidade", e propõe o movimento "Flami-n'-assú", a "grande chama indo-latina", a mais sincera,

> porque exclui, completamente, qualquer vestígio transoceânico, porque textualiza a índole nacional; prevê suas transformações étnicas; exalta a flora e a fauna exclusivas ou adaptáveis do país; combate os termos que não exter-nem os sintomas brasílicos.

Enfim, "Flami-n'-assú marchará, selvas adentro, montanhas acima, conservadora, patriótica, verdeamarela", com o objetivo, "especialíssimo e intransigente" de "dar um calço de legenda à grandeza natural do Brasil, do seu povo, das possibilidades da sua história".[9] Bastos, que também iria participar da introdução do modernismo no Amazonas, deu forma às suas ideias no romance *Terra de Icamiaba*.[10]

Em 24 de novembro de 1924, Clóvis Barbosa lança em Manaus a revista *Redempção*,[11] que tinha como objetivo, conforme o editorial do primeiro número, "a elevada responsabilidade de fazer-lhe a propaganda [da Amazônia] no país e no estrangeiro", "mostrando aos interessados como um espelho nítido, os vários prismas em que se reparte a nossa vida econômica e financeira".[12] *Redempção*, "Atualidades, Política, Letras

---

[9] Bastos, Abguar. Flami-n'-assú. *Belém Nova*, Belém, n. 74, 15 set. 1927.

[10] Bastos, Abguar. *Terra de Icamiaba: romance da Amazônia*. 2. ed. Rio de Janeiro: Andersen-Editores, 1934.

[11] Freitas, Sarah Câmara. *Redempção (1924-1932): Tradição e Modernidade em círculos de intelectuais em Manaus*. 2014. Dissertação (Mestrado) – Universidade Federal do Amazonas, Manaus, 2014.

[12] Barbosa, Clóvis. Editorial. *Redempção*, Manaus, ano I, n. 1, nov. 1924.

e Problemas Sociais", teve duas fases: a primeira abrange o período entre novembro de 1924 e fevereiro de 1927; a segunda, entre 1º de janeiro de 1931 e 2 de novembro de 1932.

Redempção seria o núcleo da revista *equador* – com letra minúscula –, lançada em outubro de 1929, quase duzentas páginas em formato de livro, que se queria bimensal, mas ficou neste número único, e que visava "trabalhar na preparação da consciência nacional", tendo "a busca da investigação e da interpretação da região amazônica como parte do processo cultural brasileiro". Embora filiando-se ao modernismo paulista, reivindicava um discurso nacionalista extremado, com influência das ideias de Abguar Bastos, autor do manifesto "Flami-n'-assú". No editorial, Clóvis Barbosa afirma:

> uma etiqueta passadista viciou a arte brasileira com estrangeirismos retóricos. Está errado. Tão errado como compreenderem que brasilidade modernista é escrever em cassanje o elogio dos lugares-comuns da nossa paisagem.

Então, ele prega uma "confraternidade literária do Norte":

> Os escritores residentes nos diversos Estados equatoriais são completamente desconhecidos entre si. Falta um meio de publicidade entre eles que os divulgue. Falta-lhes um empreendimento que os aproxime numa cordialidade ativa. [...] Divulgando-os, fazendo-se conhecerem-se [...] participaremos da visão alada dos mistérios do Paraíso Verde e mais da sabedoria perseverante e simples do homem nortista, sempre amansando a natureza.[13]

A revista *equador* se propunha a ser o "panorama literário do Norte de hoje" e reuniu velhos e novos literatos da

[13] Barbosa, Clóvis. Editorial. *equador*, Manaus, n. 1, out. 1929.

Amazônia, como Raymundo Moraes, Araújo Lima, Coriolano Durand, Adriano Jorge, João Leda, Genésio Cavalcante, Péricles Moraes, Raul de Azevedo, Araújo Filho, Washington Mello, Francisco Pereira e Abguar Bastos. Sempre tendo à frente Clóvis Barbosa, *Redempção* e *equador* se desdobraram, ainda uma vez mais, em *A Selva*, revista de atualidades, que incluía vasto material literário, publicada a partir do final da década de 1930.

Na mesma época, três correntes disputavam a primazia de ter introduzido o modernismo literário em Pernambuco, as lideradas por Joaquim Inojosa e Gilberto Freyre e a reunida em torno do eclético grupo da Esquina Lafaiete.[14]

Em setembro de 1922, Inojosa esteve em São Paulo, onde conheceu os modernistas que publicavam a revista *Klaxon*, e, de volta a Recife, fundou *Mauricéa*, lançada em 10 de novembro de 1923, que durou apenas três números mensais – os outros dois saíram em dezembro de 1923 e janeiro de 1924. Contando com colaborações de autores locais, como Austro-Costa, Mário Sette e Sylvio Rabello, e nacionais, como Mário de Andrade, Graça Aranha e Ronald de Carvalho, Inojosa apresentava-se como "precursor da nova corrente literária em Pernambuco". Ainda em 1924, Inojosa escreve um artigo na revista paraibana *Era Nova*, conclamando a adesão dos intelectuais nordestinos ao modernismo, que teve grande repercussão regional na época.[15]

---

[14] Azevedo, Neroaldo Pontes de. *Modernismo e regionalismo: os anos 20 em Pernambuco*. João Pessoa: Secretaria da Cultura da Paraíba, 1984. Barros, Souza. *A década de 20 em Pernambuco: uma interpretação*. Rio de Janeiro: Gráfica Editora Acadêmica, 1972.

[15] Originalmente intitulado "Carta literária dirigida a Severino Lucena e S. Guimarães, diretores da Revista 'Era Nova', da Paraíba do Norte", republicado como "A arte moderna". In: Inojosa, Joaquim. *A arte moderna: 60 anos de um manifesto modernista*. Rio de Janeiro: Cátedra, 1984.

Em 1926, Inojosa toma parte do Congresso Regionalista do Nordeste, onde, segundo Gilberto Freyre, seu organizador, teria sido divulgado um "Manifesto Regionalista"[16] – fato contestado por Inojosa, que acabou demonstrando que o documento teria sido redigido apenas em 1952. Inojosa se tornará inimigo figadal de Freyre, numa disputa sobre quem teria sido o verdadeiro responsável pela introdução do modernismo em Pernambuco e no Nordeste de maneira geral.[17] Independentemente da polêmica, as ideias de Freyre, de atualização do tradicionalismo regionalista, iriam influenciar, de maneira direta ou indireta, boa parte dos romancistas nordestinos da chamada Geração de 30, que dominaria o cenário literário brasileiro nas três décadas seguintes.

Mas é Ascenso Ferreira quem coloca Pernambuco no mapa do modernismo nacional. Após um contato inicial com Inojosa, Ascenso adere em definitivo ao movimento depois da passagem de Guilherme de Almeida por Recife, em 1925. No ano seguinte, lê seus poemas no Congresso Regionalista do Nordeste, e em 1927 publica seu primeiro livro, *Catimbó*, pela editora da *Revista do Norte*. O grupo da *Revista do Norte*, conhecido também como grupo da Esquina Lafaiete, existia paralelamente à disputa entre Inojosa e Freyre. Esses intelectuais se reuniam, desde 1919, no Café Continental, na rua do Imperador, ponto conhecido como Esquina Lafaiete, em cujas imediações havia uma grande concentração de jornais – *Jornal Pequeno*, *Diário da Manhã*, *Jornal do Recife*, *Jornal*

[16] V. Freyre, Gilberto. *Manifesto regionalista*. 7. ed. Fátima Quintas (Org.). Recife: Fundação Joaquim Nabuco; Massangana, 1996.

[17] V. Inojosa, Joaquim. *O movimento modernista em Pernambuco*. Rio de Janeiro: Acadêmica, 1972. 3 vols. Inojosa, Joaquim. *Sursum Corda! Desfaz-se o "equivoco" do Manifesto Regionalista de 1926*. Rio de Janeiro: Edição do Autor, 1981.

do Commercio e *Diário de Pernambuco* –, o que propiciava a rápida circulação de novidades.[18]

Em outubro de 1923, os irmãos Amaro e José Maria de Albuquerque Melo resolveram lançar a *Revista do Norte*, um semanário de variedades, na qual colaboraram, nesta primeira fase, Austro-Costa, Ascenso Ferreira, Osório Borba, Olívio Montenegro, Luís da Câmara Cascudo, Benedito Monteiro, Luís Jardim, Gilberto Freyre, José Lins do Rego, Manuel Bandeira (já há muito radicado no Rio de Janeiro) e José Auto (poeta, na época marido de Rachel de Queiroz, que também frequentou o Café). Após uma breve paralisação, a revista foi relançada em junho de 1926, sob direção de José Maria de Albuquerque Melo, Joaquim Cardozo e João Monteiro, com o subtítulo de "aspectos da vida regional", durando apenas três números. Embora a *Revista do Norte* defendesse valores tradicionais, próximos, portanto, ao regionalismo de Gilberto Freyre, mantinha-se aberta às manifestações mais livres do modernismo.

Finalmente, vale a pena ressaltar o papel da *Revista de Pernambuco*, publicada mensalmente a partir de julho de 1924 até setembro de 1926, que, embora dedicada à divulgação dos interesses oficiais do governo estadual, desde o início mostrou-se simpática às novas ideias estéticas, talvez por influência de Joaquim Inojosa, um de seus principais colaboradores. Em suas páginas pode-se ler artigos e poemas de Mário Sette, Cecília Meireles, Luís da Câmara Cascudo, Bruno de Menezes, Cassiano Ricardo, Henriqueta Lisboa, Murilo Araújo, entre outros. O número XVII, de novembro de 1925, por exemplo, traz uma longa entrevista com Menotti del Picchia, intitulada "Sobre a renovação estética

---

18 Pinho, Carlos Eduardo Romeiro. *Esquina Lafayette: boemia, amores e lamentações na história recifense*. 2000. Dissertação (Mestrado em História) – Universidade Federal de Pernambuco, Recife, 2000.

brasileira e a intensificação do intercâmbio intelectual dos estados".[19] O governo estadual também mantinha o *Diário de Pernambuco*, que, em 1925, em comemoração ao seu primeiro centenário, publicou o famoso *Livro do Nordeste*, no qual Gilberto Freyre comparece com três ensaios – sobre vida social, pintura e cultura da cana –, basilares para a concepção de suas ideias posteriores.

No Ceará, o modernismo chegou com o lançamento da coletânea *O canto novo da raça*, "homenagem a Ronald de Carvalho", reunindo poemas de Jáder de Carvalho, Sydney Netto e Franklin Nascimento, em 1927. Dois anos depois, Demócrito Rocha abre espaço em seu jornal, *O Povo*, para a publicação de um suplemento literário, *Maracajá*, "folha modernista do Ceará", que, embora pretendesse vida longa, em edições quinzenais aos domingos, saiu apenas duas vezes, nos dias 7 de abril e 26 de maio de 1929, mas serviu para consolidar as ideias novas no meio intelectual cearense.[20]

Curiosamente, *Maracajá* se filia à corrente antropofágica, que, àquela altura, já não corresponde ao ideário original modernista, mas surge como uma defecção radical patrocinada por Oswald de Andrade. Em artigo intitulado "Tocando na mesma inúbia", publicado na primeira página do segundo número do suplemento, Paulo Sarasate afirma:

> Vocês, da "Antropofagia", não advinham como a gente está satisfeito. É assim mesmo que nós queremos. E é assim

---

[19] Del Picchia, Menotti Sobre a renovação estética brasileira e a intensificação do intercâmbio intelectual dos estados. Entrevista. *Revista de Pernambuco*, Recife, ano II, n. XVII, nov. 1925.

[20] Azevedo, Sânzio de. *Literatura cearense*. Fortaleza: Academia Cearense de Letras, 1976.
Azevedo, Sânzio de. *O modernismo na poesia cearense: Primeiros tempos*. 2. ed. Fortaleza: Fundação Demócrito Rocha, 2013 (Inclui os fac-símiles dos números 1 e 2 da revista *Maracajá*).

> que a coisa tem de sair. O sul chamando o norte. E o norte chamando o sul. Convidando-o para a luta. Assanhando as energias moças do lado de cá e de lá. Movimento assim é que é. Esforços conjugados. União das duas bandas. Com o oeste também. Tudo gritando brasilidade. Tocando na mesma inúbia. Comendo na mesma cuia. Brasileiramente. Antropofagicamente. [...] E fique somente o elemento nacional. Espontâneo. Claro como as manhãs tropicais. Atrevido como o gato das selvas. Bravio como o maracajá da pele pintada. Só então teremos literatura nacional. Literatura lavada nos grotões. Enxugada ao sol brasileiro. Sem mancha de estrangeirismo. Limpa. Alva. Escorrida. Pura. Bem limpinha.[21]

O primeiro número de *Maracajá* publicou textos de autores locais (Demócrito Rocha, Paulo Sarasate, Mário Sobreira de Andrade, Jáder de Carvalho, Franklin Nascimento, Silveira Filho, Heitor Marçal, Sidney Netto, Filgueiras Lima e Rachel de Queiroz), além de poemas de Raul Bopp e Paschoal Carlos Magno, que visitara Fortaleza vindo do Rio de Janeiro com a missão de propagar as ideias modernistas. O segundo número contou com a participação de Demócrito Rocha, Paulo Sarasate, Mario Sobreira de Andrade, Rachel de Queiroz, Suzana de Alencar Guimarães, Yolanda Luisa, Heitor Marçal, Filgueiras Lima, Lúcio Várzea, Silveira Filho, Sidney Netto, Franklin Nascimento, Fernando Ricardo e Jáder de Carvalho.

"Em Fortaleza, *O Povo*, diário de grande circulação, é francamente nosso e em artigos de fundo já tem-se manifestado declaradamente antropófago",[22] assim a *Revista de*

---

[21] Esse artigo foi reproduzido na *Revista de Antropofagia*, n. 15, 2ª dentição, 19 jul. 1929, p. 12.

[22] Desde o Rio Grande ao Pará. *Revista de Antropofagia*, São Paulo, 2ª dentição, n. 13, 4 jul. 1929.

Antropofagia comemorava a incorporação do Ceará ao movimento antropofágico. No mesmo número, o 13º da segunda dentição, datado de 4 de julho de 1929, foram reproduzidos textos de um outro suplemento, patrocinado pelo jornal *O Ceará*, concorrente de *O Povo*, intitulado *Tangapema*, de que pouca notícia há.

A experiência efêmera de *Maracajá* se desdobrou na ainda mais efêmera revista *Cipó de Fogo*, dirigida por Mário Sobreira de Andrade – também chamado de Mário de Andrade do Norte –, que teve uma única edição no dia 27 de setembro de 1931. Com oito páginas, a revista se filiava claramente à sua antecessora e trazia poemas de Beni de Carvalho, Sydney Netto, Leiria de Andrade, Mário Sobreira de Andrade, Heitor Marçal, João Jaques, Jáder de Carvalho, Franklin Nascimento e Rachel de Queiroz (intitulado "Lampião", tematizando um assunto, o cangaço, que seria recorrente na literatura regionalista de 1930), além de artigos de Mário Sobreira de Andrade, Heitor Marçal e João Jaques.

Em Salvador (BA), um grupo de intelectuais, tendo à frente Carlos Chiacchio, funda a revista *Arco & Flexa*, em 1928.[23] Financiada por Pinto de Aguiar, além de Chiacchio, a revista era integrada por Hélio Simões, Carvalho Filho, Ramayana de Chevalier, José Queirós Junior, Eurico Alves, De Cavalcanti Freitas, Jonathas Milhomens e Damasceno Filho. De curta vida, tirou cinco números, em três volumes: 1 (novembro de 1928), 2/3 (dezembro de 1928 e janeiro de 1929) e 4/5 (sem indicação do mês, mas ainda em 1929). O manifesto de *Arco & Flexa*, publicado em seu primeiro número, de autoria de Carlos Chiacchio, "Tradicionismo dinâmico", prega a ruptura com o passado, não como negação, mas como continuidade:

---

[23] Cf. *Arco & Flexa: mensário de cultura moderna*. Salvador: Secretaria de Cultura e Turismo do Estado da Bahia, 1978. (Edição fac-símile).

> Não há povos sem tradição. O próprio sentido de viver é uma tradição. Se viver é continuar, é permanecer, é transmitir, na tradição se circunscreve a vida. A vida nacional de cada povo na vida universal de cada época. Quanto a nós, não sei como desconhecer uma tradição, uma vida, uma continuidade. Belas, ou feias, boas ou más, tristes, ou alegres, as origens da nossa tradição, resultado somático de três raças unidas no momento em que cresciam para o desejo de imortalidade, não há que repudiá-las em nomes de outras probabilidades de beleza, que podem existir, como existem, para outros povos, mas, para nós, não têm préstimo, porque contrárias as leis do nosso desenvolvimento na história.[24]

Chiacchio reafirma a tese de nacionalismo – "nós repelimos os nossos monumentos de raça. Envergonhamo-nos da tanga, do arco e da flexa, porque nos fascinam a máscara, o florete e a luva" –, embora repudie os "primitivismos antropofágicos" e os "dinamismos desembestados".

Ainda que *Arco & Flexa* se autoproclamasse a "primeira revista filiada ao movimento moderno" da Bahia, alguns estudiosos atribuem essa distinção à revista *Samba*,[25] publicada por iniciativa do chamado Grupo da Baixinha, liderado por Joaquim Samuel de Brito Filho, o Guarda Civil 85, que se reunia no Café Progresso, lugar próximo à Baixa do Sapateiro, na época um reduto proletário.[26] Em novembro de 1928, alguns dias antes do aparecimento de *Arco & Flexa*, o grupo lançou a revista

---

[24] Chiacchio, Carlos. Tradicionismo dinâmico. *Arco & Flexa: mensário de cultura moderna*, Salvador: Secretaria de Cultura e Turismo do Estado da Bahia, 1978. (Edição fac-símile do n. 1, 1928, p. 3.)

[25] Cf. *Samba: mensário moderno de letras, artes e pensamento* (1928-1929). Salvador: Secretaria de Cultura e Turismo do Estado da Bahia, 1999. (Edição fac-símile.)

[26] Marques, Nonato. *A poesia era uma festa*. Salvador: GraphCo, 1994.

"mensário moderno de letras, artes e pensamento", em papel jornal, com colaborações de Alves Ribeiro, Bráulio de Abreu, Pinheiro Viegas, Altamirando Requião, Áureo Contreiras, Otto Bittencourt Sobrinho, Egberto de Campos Ribeiro, Elpídio Bastos, Florêncio Santos, Aníbal Rocha, Clodoaldo Milton e Costa Andrade. *Samba* teve cinco números publicados: novembro e dezembro de 1928, fevereiro, março e julho de 1929.

O manifesto do grupo saiu no primeiro número, em artigo assinado por Alves Ribeiro:

> A arte moderna procura, acima de tudo, a alegria. Daí, essa nota de jovialidade e humorismo que a caracteriza. [...] Estamos atualmente na época das grandes agitações sociais. Há uma revolução completa em todas as manifestações do espírito humano. Novos frutos. Novas ideias. Novos horizontes... Não podemos ficar indiferentes ao que se passa no mundo. Queremos uma arte nova, cheia de vida, entusiasmo e vibração. Uma arte sã, enfim... [...] Viver é integrar-se no dinamismo das coisas, vibrar na homogeneidade do cosmos... A tristeza é uma doença. A alegria é bela e higiênica. Sejamos alegres. Alegres e resolutos. Só assim seremos grandes e felizes. Ou, pelo menos, teremos a ilusão da grandeza e da felicidade. A arte moderna deve ser, pois, uma arte de rejuvenescimento. Viva a alegria! Viva o samba![27]

Por fim, mais perto de *Samba* que de *Arco & Flexa*, havia a Academia dos Rebeldes,[28] que reunia, entre outros, Pinheiro

---

[27] Ribeiro, José Alves. Editorial. *Samba*, Salvador, n. 1, mar. 1928, p. 3-4.

[28] Soares, Angelo Barroso Costa. Academia dos rebeldes: modernismo à moda baiana. 2006. Dissertação (Mestrado em Literatura e Cultura) – Universidade Estadual de Feira de Santana, Feira de Santana, 2006.

Viegas, Jorge Amado, João Cordeiro, Clóvis Amorim, Édson Carneiro, Dias da Costa, Sosígenes Costa, Aydano do Couto Ferraz, Da Costa Andrade, Walter da Silveira e Alves Ribeiro, o mesmo que fundou *Samba*. O grupo publicou *Meridiano*, "revista de vanguarda", que teve apenas um número, em setembro de 1929. Em editorial não assinado, mas de autoria de Alves Ribeiro, foram traçados os rumos de "uma literatura com motivos brasileiros, mas de interesse universal". A experiência da Academia dos Rebeldes gerou ainda a revista *O Momento*, "mensário ilustrado informativo", que publicou nove números entre julho de 1931 e julho de 1932.

Em Maceió (AL),[29] um grupo de adolescentes, reunidos em torno do Grêmio Literário Guimarães Passos, realizou em 17 de junho de 1928 a Festa da Arte Nova, uma espécie de Semana de Arte Moderna da cidade.[30] Formado por Aurélio Buarque de Holanda Ferreira, Arnon de Mello, Manuel Diegues Júnior, Mendonça Júnior, Paulo Malta Filho, Raul Lima, Valdemar Cavalcanti, Emílio de Maya, Carlos Paurílio e Aluísio Branco, o grupo promoveu ainda, em 27 de junho de 1929, a Canjica Literária, evento regionalista, sob influência de Jorge de Lima e José Lins do Rego. Desse núcleo inicial, nasceria a revista *Novidade*, dirigida por Valdemar Cavalcanti e Alberto Passos Guimarães, que publicaria 24 números entre 11 de abril e 26 de setembro de 1931. Embora fosse um semanário de variedades, com ênfase em textos de política e notas sociais, abriu espaço também para contos, crônicas, poemas, crítica literária, teatro, cinema e fotografia. Além de membros do grupo original, contou com colaborações de José Lins do Rego, Graciliano Ramos, Jorge de Lima e Santa Rosa.

---

[29] V., neste livro, "Maceió, 1930", p. 113.

[30] Sant'Ana, Moacir Medeiros. *História do modernismo em Alagoas (1922-1932)*. 2. ed., rev. e aumentada. Maceió: Editora da Universidade Federal de Alagoas, 2003.

Finalmente, em João Pessoa (PB), então chamada Parahyba do Norte, o modernismo se mostrou presente nas páginas da revista quinzenal *Era Nova*,[31] dirigida por Severino Lucena, que circulou entre 27 de março de 1921 e 31 de dezembro de 1925, num total de 91 números.[32] Embora magazine de variedades, com ênfase na política oficial, incluiu também a literatura, e em suas páginas conviveram pacificamente representantes da velha e da nova escola.[33] A posição conciliatória da revista aparece num texto não assinado, publicado no número 58, de 24 de fevereiro de 1924, intitulado "Renovação Literária":

> Esse movimento forte, partido da mocidade intelectual de São Paulo, em prol de uma falada renovação em arte e literatura no Brasil, não deixa de oferecer o seu merecimento. // Isso não quer dizer o nosso aplauso incondicional e subserviente a umas tantas manifestações tolas, com o rótulo de futurismo, que têm surgido fecundamente em nossos círculos literários. Futuristas e penumbristas como os há, frios, sem expressão, forçando uma absurda, ridícula originalidade, estes têm de cair, se escaparem à consciência da própria inépcia, ante a força da indiferença do público. É necessário, contudo,

---

[31] Araújo, Fátima. *Paraíba: Imprensa e Vida: Jornalismo Impresso 1826-1984*. Campina Grande: Grafset, 1986.

Rodrigues, Alzira de Cássia da Silva. Tessituras de uma Era Nova: Paraíba dos anos 1920. In: XXVII Simpósio Nacional de História – ANPUH, 27, 2013, Natal (RN). *Anais*... Natal (RN), jul. 2013.

[32] Há indícios de sobrevivência da revista até 1926, mas não encontrei referências seguras para volumes depois da data aqui consignada.

[33] Desde seus primeiros números contou com a participação de José Américo de Almeida e de José Lins do Rego. Também colaboraram com a revista: Jorge de Lima, Ascenso Ferreira, Guilherme de Almeida, José Geraldo Vieira, Gilberto Freyre, Luís da Câmara Cascudo, entre outros.

> reconhecer que existem os que fazem ou procuram fazer, de verdade, a ansiada renovação. [...] Se não se podem inventar novos sentimentos, então aprendamos a expressá-los sem a chateza, sem a vulgaridade com que os intelectuais de agora se acostumaram a fazê-lo. Isso é o que entendemos por renovação. // Nesse aspecto, ela não é apenas louvável, é urgente.[34]

Joaquim Inojosa, entusiasta de primeira hora das novidades modernistas, escreve um texto oswaldiano no número 62, de 15 de maio de 1924, intitulado "Minha crônica fragmentária":

> Época de eletricidade. De rapidez. Barulho. Tumultuaria. Época presente. O fon-fon do automóvel diz bem da civilização. Estilo nervoso, vertiginoso. Verso livre. Futurismo de Marinetti é hoje passadismo. Existe a ânsia de uma renovação inevitável. Espíritos velhos: curvai-vos. Espíritos novos: gritai. Morra o futurismo, diz o Ronald [de Carvalho, referindo-se a uma matéria que ocupou duas páginas no número 60, de 27 de março de 1924, intitulada "Ronald de Carvalho vê o futurismo"]. Morra. Rezemos a cartilha da Arte nova. Destruam-se as velhas fórmulas. Gastas e sebentas. // Arte livre. Revolucionária.[35]

Esse sentimento fervoroso acabou por contaminar oficialmente a revista – seu redator-chefe, S. Guimarães Sobrinho, proclama, no número 78, de 1º de maio de 1925: "O nacionalismo há de impor-se na arte como uma necessidade da própria natureza".[36]

---

[34] Renovação literária. *Era Nova,* Parahyba do Norte [João Pessoa], n. 58, 24 fev. 1924.

[35] Inojosa, Joaquim. Minha crônica fragmentária. *Era Nova,* Parahyba do Norte [João Pessoa], n. 62, 15 maio 1924.

[36] Sobrinho, Guimarães. Editorial. *Era Nova*, Parahyba do Norte [João Pessoa], n. 78, 1 maio 1925.

No número 84, de 1º de agosto de 1925, a revista reproduz outro texto de Joaquim Inojosa, intitulado "Variando", publicado originalmente no *Jornal do Commercio*, de Recife. Inojosa começa afirmando que existe uma "esquerda literária no Brasil", que "teve seu centro de ação em São Paulo e hoje o conserva no Rio", formada por "espíritos inovadores e ousados, capazes de destruir, com aparelhamentos bélicos modernos, as muralhas chinesas do passadismo". E, citando o artigo de S. Guimarães Sobrinho, que conceitua como "profissão de fé", conclama os colegas à luta, pois

> não podemos continuar a ler a "literatura foguete de três estouros" do moto-contínuo de frases ocas chamado Coelho Neto, nem os versos cimento armado do sr. Alberto de Oliveira – que devia ter-se suicidado no dia em que morreu Bilac.[37]

Percebe-se, portanto, que o momento imediatamente anterior ao golpe civil-militar que guindou Getúlio Vargas ao poder talvez tenha sido um dos mais pulsantes, não só da história política, mas também da história literária brasileira.

■ Texto produzido originalmente para a *Enciclopédia Itaú Cultural*, em 2021.

---

[37] Inojosa, Joaquim. Variando. *Era Nova*, Parahyba do Norte [João Pessoa], n. 84, 1 ago. 1925.

Maceió, 1930

Sempre me intrigou o fato de historiadores e críticos literários, engarupados na cronologia, situarem o que se convencionou chamar "Regionalismo de 30" como desdobramento natural dos preceitos da Semana de Arte de Moderna de 1922 – uma segunda geração ou segunda fase modernista. Nada me parece tão equivocado quanto essa assertiva. José Américo de Almeida em "Antes que me falem", verdadeira "profissão de fé" com que abre seu romance inaugural, *A bagaceira*, publicado em 1928, embora critique o romantismo[1] e o naturalismo,[2] expõe teses que definitivamente não se alinham com as ideias dos primeiros modernistas. Afirma ele, entre outras coisas: "nossa ficção incipiente não pode competir com os temas cultivados por uma inteligência mais requintada"; "um romance brasileiro sem paisagem seria como Eva expulsa do Paraíso"; "a plebe fala errado; mas escrever é disciplinar e construir".[3]

---

1 "Se escapar alguma exaltação sentimental, é a tragédia da própria realidade. A paixão só é romântica quando é falsa" (Almeida, José Américo de. *A bagaceira*. Edição crítica. Rio de Janeiro: José Olympio; João Pessoa: Fundação Casa de José Américo, 1989, p. 35).

2 "O naturalismo foi uma bisbilhotice de trapeiros. Ver bem não é ver tudo: é ver o que os outros não vêem" (*ibidem*, p. 35).

3 *Ibidem*, p. 36.

No "Manifesto da Poesia Pau-Brasil", lançado em 1924, Oswald de Andrade proclama: "Substituir a perspectiva visual e naturalista por uma perspectiva de outra ordem: sentimental, intelectual, irônica, ingênua"; "A contribuição milionária de todos os erros. Como falamos. Como somos".[4] Basta ler a prosa de ficção de Oswald e de Mário de Andrade, anteriores à edição de *A bagaceira*, *Memórias sentimentais de João Miramar*, de 1924, e *Macunaíma*, de 1928, respectivamente –, para percebemos a distância que separa os autores.[5] Aliás, Mário de Andrade execrava o regionalismo, que, para ele, significava "pobreza sem humildade": "A pobreza que vem da escassez da meios expressivos, da curteza de concepções, curteza de visão social, caipirismo e saudosismo".[6]

Em 1930, com vinte anos incompletos, Rachel de Queiroz lança *O Quinze*, que imediatamente recebe a consagração na imprensa do Rio de Janeiro. Tampouco podemos considerar Rachel influenciada pelos modernistas – a autora tinha doze anos quando aconteceu a Semana de Arte Moderna, e suas leituras preferidas eram Eça de Queiroz, *As mil e uma noites* e a *Antologia nacional*, de Fausto Barreto e Carlos de

---

4 Andrade, Oswald de. Manifesto da Poesia Pau-Brasil. *Correio da Manhã*. Rio de Janeiro, 18 mar. 1924, p. 5. Republicado em Telles, Gilberto Mendonça. *Vanguarda europeia e modernismo brasileiro: Apresentação e crítica dos principais manifestos vanguardistas*. 8. ed. Petrópolis: Vozes, 1985. p. 326-331.

5 Distância evidenciada por Oswald de Andrade em sua última entrevista, a Homero Silveira, no *Diário de S. Paulo*, de 21 de novembro de 1954: "[...] os nordestinos com seu apego à terra e ao social foram efetivamente originais, embora representassem um retrocesso nos caminhos que abrimos" (Andrade, Oswald de. *Os dentes do dragão*. Org., introdução e notas de Maria Eugenia Boaventura. 2. ed. rev ampl. São Paulo: Globo, 2009, p. 400).

6 Andrade, Mário de. Regionalismo. *Diário Nacional*, São Paulo, 14 fev. 1928, p. 2.

Laet.[7] Para compor seu romance, confessa: "O que li (e me influenciou muito sobre a seca) foi Rodolfo Teófilo".[8]

E esclarece:

> Quando escrevi o livro [*O Quinze*], não tinha ideia nenhuma de fazer algum tratado de Sociologia, nem dar o primeiro pontapé na literatura nordestina, nada dessas ambições. Como meus pais eram instruídos e sensíveis às questões literárias, escrever, para mim, era uma atividade natural.[9]

Já Graciliano Ramos demonstra verdadeira antipatia pelos modernistas.[10] Indagado se acompanhou os desdobramentos do movimento paulista, responde positivamente, para emendar: "Sempre achei aquilo uma tapeação desonesta. Salvo raríssimas exceções, os modernistas brasileiros eram uns cabotinos".[11] José Lins do Rego também rechaça qualquer possibilidade de vinculação com aquela "meia dúzia de rapazes inteligentes e lidos em francês":[12] "Eu mesmo [...] me pus no lado oposto, [...] para verificar na agitação modernista uma velharia, um desfrute que o gênio de Oswald de Andrade inventara para divertir os seus ócios de milionário".[13]

---

7 Nery, Hermes Rodrigues. *Presença de Rachel*. Ribeirão Preto: Funpec, 2002, p. 70-71.

8 *Ibidem*, p. 68.

9 *Ibidem*, p. 66.

10 V., neste livro, "O progressista conservador", p. 129.

11 In: Senna, Homero. *República das Letras* – entrevistas com 20 grandes escritores brasileiros. 3. ed. rev. ampl. Rio de Janeiro: Civilização Brasileira, 1996, p. 201.

12 Rego, José Lins do. Espécie de história literária. In: *O cravo de Mozart é eterno*: *Crônicas e ensaios*. Seleção, organização e apresentação de Ledo Ivo. Rio de Janeiro: José Olympio, 2004, p. 42.

13 *Ibidem*, p. 43.

Mesmo com relação à língua, o romancista mostra posicionamento divergente:

> A língua de Mário de Andrade nos pareceu tão arrevesada quanto a dos sonetos de Alberto de Oliveira. A língua que Mário de Andrade quis introduzir com o seu livro é uma língua de fabricação; mais um arranjo de filólogo erudito do que um instrumento de comunicação oral ou escrito.[14]

E Jorge Amado, em entrevista a Alice Raillard, afirma: "nossa geração não sofreu qualquer influência do modernismo – um movimento regional de São Paulo que teve pequena influência no Rio e quase nenhuma no resto do país [...]".[15]

Ora, alguém poderia objetar que essas opiniões são fruto de uma reflexão posterior – uma tentativa talvez de minimizar possível ascendência do modernismo, numa espécie de tomada de posição a favor do Nordeste contra os ditames paulistas. Mas, se é verdade que esses depoimentos de José Lins do Rego e Graciliano Ramos ocorreram na década de 1940 (para ser mais exato, 1942 e 1948, respectivamente – o de Rachel de Queiroz e Jorge Amado remontam à década de 1990), é certo também que se trata apenas de uma formulação mais aprofundada de um pensamento já estabelecido contemporaneamente aos acontecimentos da década de 1920.

José Lins do Rego, ainda desconhecido do público fora de Maceió (AL), onde encontrava-se radicado, escreve um texto no *Jornal de Alagoas*, em 15 de dezembro de 1927, sobre *O mundo do menino impossível*, de Jorge de Lima, antecipando algumas de suas observações: "Vemos todo o dia um novo gritando: eu vou fazer a poesia nova do meu país. A gente vai

---

[14] *Ibidem*, p. 43.

[15] Raillard, Alice. *Conversando com Jorge Amado*. Tradução de Annie Dymetman. Rio de Janeiro: Record, 1990, p. 46.

atrás do ruído, e não encontra nada". Mais à frente, analisa que a arte brasileira "não virá dos discursos às estrelas do Sr. Plínio Salgado, nem tampouco dos saltinhos à Piolim do muito talentoso Oswald de Andrade", pois "nessa gente opera-se uma modernização de superfície", mas sim do "caráter puramente regionalista", como o encontrado na obra de Jorge de Lima:

> Porque o seu regionalismo não é um limite à sua emoção e não tem por outra parte o caráter de partido político daquele que rapazes de São Paulo oferecem ao país com as insistências de anúncios de remédio. [...] O Nordeste não vem em sua poesia como um tema ou uma imposição doutrinária, vem como a expressão lírica de um nordestino a evocar a sua terra.[16]

José Américo de Almeida, também escrevendo sobre Jorge de Lima, em artigo publicado no jornal *A União*, de João Pessoa (PB), em 22 de janeiro de 1928, caminha na mesma seara:

> Antes de se falar em Modernismo no Brasil já todo mundo estava enjoado dos requintes e da frialdade dos parnasianos uniformes. Havia sede de poesia como é de verdade em tempo de seca. // Daí o êxito da musa matuta, a procura dos trovadores analfabetos, a figuração de Catulo Cearense e das coletâneas do Sr. Leonardo Mota. // Queria poesia, nada mais. // É isso que Jorge de Lima nos dá agora.[17]

O próprio Jorge de Lima, num ensaio de 1929, afirma que "do mesmo jeito que o Alencar foi um abolicionista

---

[16] Rego, José Lins do. Notas sobre um caderno de poesias. In: Lima, Jorge de. *Poesias completas*. Rio de Janeiro: Nova Aguilar, 1997. p. 71-77.

[17] Almeida, José Américo de. Poemas. In: *Ibidem*, p. 69.

literário do índio, e o Castro, do negro, o modernista tentou a sua alforria. // Mas, questão de força, bem poucos tiveram muque para rebentar os ferros".[18]

Nesse momento, após breve (e muito bem-sucedida) passagem pelas hostes parnasianas, o poeta havia publicado três livros, que, antes que "modernistas", podem ser compreendidos como "regionalistas",[19] em poemas como "Noite de São João", "Essa negra Fulô", "Inverno", entre outros.

Ainda em 1929, Rachel de Queiroz publica, no jornal *O Povo*, de Fortaleza (CE), um texto intitulado "Manifesto Regionalista", em que deixa clara sua opção:

> Eu canto a alma de minha Terra e a alma de minha gente. [...] Dizem que a arte deve ser universal. Mas afinal, o que é que exprime universalmente a nossa arte? Transformá-la numa colcha de retalhos cosmopolitas ou lhe dar um perfil caracteristicamente brasileiro que a faça distinguir-se em meio ao concerto artístico universal? [...] só compreendo e admiro uma manifestação artística quando é espontânea e sincera. E, sinceramente, espontaneamente, meu coração só pode sentir e cantar o que sente e canta a minha raça. [...] Eis porque sou nacionalista, eis porque dentro do meu nacionalismo inda me estreito mais ao círculo de meu regionalismo.[20]

Então, prefiro compreender o chamado "Regionalismo de 30" como um desdobramento do regionalismo nordestino

---

[18] Lima, Jorge de. Todos cantam sua terra... In: *Poesias completas*: Volume IV. Rio de Janeiro: José Aguilar; Brasília: MEC, 1974, p. 103.

[19] *O mundo do menino impossível* (1925); *Poemas* (1927); *Essa negra Fulô* (1928).

[20] Cf. Guerellus, Natália de Santanna. *Rachel de Queiroz: regra e exceção (1910–1945)*. 2011. 174 f. Dissertação (Mestrado em História) – Universidade Federal Fluminense, Niterói, 2011.

imediatamente anterior, que teve em Franklin Távora, autor de *O Cabeleira* (1876), o seu maior expoente ideológico.[21] Até porque, como chama a atenção Lúcia Miguel Pereira, falando desse período, "no Norte [...] fez-se o regionalismo menos rígido, permeável a concepções mais gerais do homem, ganhando em humanidade o que perdia em pitoresco",[22] mais ou menos o que Rachel de Queiroz dizia: "eu uso cenários típicos, discuto problemas, mas não sou a regionalista típica".[23] E podemos aqui citar, como precursores, Rodolfo Teófilo,

---

[21] Escrevia Franklin Távora: "As letras têm, como a política, um certo caráter geográfico; mais no Norte, porém, do que no Sul abundam os elementos para a formação de uma literatura propriamente brasileira, filha da terra. A razão é óbvia: o Norte ainda não foi invadido como está sendo o Sul de dia em dia pelo estrangeiro. A feição primitiva, unicamente modificada pela cultura que as raças, as índoles, e os costumes recebem dos tempos ou do progresso, pode-se afirmar que ainda se conserva ali em sua pureza, em sua genuína expressão. [...] têm os escritores do Norte que verdadeiramente estimam seu torrão, o dever de levantar ainda com luta e esforços os nobres foros dessa grande região, exumar seus tipos legendários, fazer conhecidos seus costumes, suas lendas, sua poesia, máscula, nova, vívida e louçã, tão ignorada no próprio templo onde se sagram as reputações, assim literárias, como políticas, que se enviam às províncias. Não vai nisto, meu amigo, um baixo sentimento de rivalidade que não aninho em meu coração brasileiro. Proclamo uma verdade irrecusável. Norte e Sul são irmãos, mas são dois. Cada um há de ter uma literatura sua, porque o gênio de um não se confunde com o do outro. Cada um tem suas aspirações, seus interesses, e há de ter, se já não tem, sua política" (Prefácio do autor. In: *O Cabeleira*. São Paulo: Editora Três, 1973, p. 27-28).

[22] Pereira, Lúcia Miguel. *História da literatura brasileira: prosa de ficção (de 1870 a 1920)*. 3. ed. Rio de Janeiro; Brasília: José Olympio; Instituto Nacional do Livro, 1973, p. 184.

[23] Queiroz, Rachel de. As três Rachéis. In: *Rachel de Queiroz*. São Paulo: Instituto Moreira Salles, 1997, p. 26. (Caderno de Literatura Brasileira, n. 4.)

com *Fome* (1890) e *Os brilhantes* (1895); Domingos Olímpio, com *Luzia-Homem* (1903); Lindolfo Rocha, com *Maria Dusá* (1910); e Mário Sette, com *Senhora de engenho* (1921).[24]

Mais importante que as ideias modernistas da década de 1920 na formulação do "Regionalismo de 30", talvez tenha sido o papel exercido por José Lins do Rego, discípulo confesso e ardoroso do sociólogo Gilberto Freyre, junto à intelectualidade reunida fortuitamente numa pequena cidade de 90 mil habitantes, Maceió, onde conviveram, entre os fins da década de 1920 e inícios da de 1930, os romancistas Graciliano Ramos e Rachel de Queiroz, o poeta Jorge de Lima, o dicionarista Aurélio Buarque de Holanda Ferreira, o artista plástico Santa Rosa e outros nomes menos conhecidos, como Valdemar Cavalcanti, Aloísio Branco, Alberto Passos Guimarães, Raul Lima e Carlos Paurílio.

---

[24] Um dos mais bem realizados romances regionalistas, *Dona Guidinha do Poço*, de Manuel de Oliveira Paiva, não teve influência em sua época. O autor já estava morto havia sete anos, quando Américo Facó ofereceu cópia do livro a José Veríssimo, que começou a publicá-lo, em capítulos, na *Revista Brasileira*, então dirigida por ele. O romance foi assim apresentado, em Nota da Redação: "*D. Guidinha do Poço* é o produto desses estudos [conhecer de perto o povo], feitos com amor, com dedicação e com a competência que lhe davam [ao autor] os seus conhecimentos de ciências e de letras, adquiridos por uma vontade forte ao serviço de uma inteligência compreensiva, original e criteriosa" (*Revista Brasileira*, Tomo XVII, Rio de Janeiro, jan.-mar. 1899, p. 301). O livro teve alguns capítulos publicados, ao longo de 1899, nos Tomos XVII (jan.-mar., p. 276-301), XVIII (abr.-jun., p. 5-27 e 159-199) e XIX (jul.-set., p. 5-18 e 199-246). Com o encerramento do periódico, deixando o romance incompleto, o livro caiu novamente em esquecimento. Até que finalmente Lúcia Miguel Pereira resgatou-o e conseguiu sua publicação em 1952, pela Editora Saraiva, tornando-o de imediato um clássico da literatura brasileira, e revelando seu autor: "uma das mais completas vocações de ficcionista, e sobretudo de narrador, que já possuímos" (Pereira, *op. cit.*, p. 203).

Se é verdade, como prova com veemência Joaquim Inojosa,[25] que Gilberto Freyre, num de seus rasgos de mitomania, inventou a existência de um "Manifesto Regionalista", que teria redigido em 1926, em Recife (PE), não é menos verdade que o sociólogo exerceu decisiva influência na conformação do ideário do chamado "Regionalismo de 30". Em 1923, recém-chegado dos Estados Unidos, onde estivera estudando desde seis anos antes, Freyre andava "em verdadeiras núpcias com a terra",[26] segundo palavras de José Lins do Rego:

> Havia nessa época o movimento modernista de São Paulo. Gilberto criticava a campanha como se fosse de uma outra geração. O rumor da Semana de Arte Moderna lhe parecia muito de movimento de comédia, sem importância real. O Brasil não precisava do dinamismo de Graça Aranha, e nem da gritaria dos rapazes do Sul; o Brasil precisava era de se olhar, de se apalpar, de ir às suas fontes de vida, às profundidades de sua consciência.[27]

E são as ideias de constituição de um "regionalismo orgânico"[28] que Freyre, a convite de José Lins, apresentará, em 1924, aos jovens escritores da Parahyba do Norte (João Pessoa), entre

---

[25] V. Inojosa, Joaquim. *Sursum Corda! – Desfaz-se o "equivoco" do Manifesto Regionalista de 1926*. Rio de Janeiro: Edição do Autor, 1981.

[26] Rego, José Lins do. Gilberto Freyre. In: *O cravo de Mozart é eterno*. Rio de Janeiro: José Olympio, 2004, p. 49.

[27] *Ibidem*, p. 52.

[28] "O regionalismo é um esforço no sentido de facilitar e dignificar certa atividade criadora local desembaraçando o que há de pejorativo em 'provinciano' de qualidades e condições geográficas", escreveria Gilberto Freyre em 7 de fevereiro de 1926, no *Diário de Pernambuco* (Freyre, Gilberto. Acção regionalista no Nordeste. In: *Manifesto Regionalista*. Org. Fátima Quintas. 7. ed. revista e aumentada. Recife: Fundação Joaquim Nabuco; Massangana, 1996, p. 110).

eles o romancista José Américo de Almeida, que quatro anos mais tarde publicaria *A bagaceira*, tido como marco inaugural do movimento. Naquela época, José Lins, formado em Direito no Recife, onde se tornara amigo de Freyre, estava de volta à Paraíba para se casar. Em 1925, ele ingressa no Ministério Público e muda-se para Manhuaçu (MG), mas um ano depois renuncia ao cargo de promotor público e consegue nomeação para fiscal de bancos em Maceió, onde permanecerá por quase dez anos, entre 1926 e 1935, transformando a capital alagoana em foco de irradiação das convicções ideológicas de Freyre (que evidentemente passam a ser também suas).

Logo ao desembarcar na cidade, José Lins retoma sua atividade jornalística, iniciada no Recife, e faz-se amigo de Jorge de Lima, médico, ex-deputado e celebrado poeta parnasiano (principalmente pelo soneto "O acendedor de lampiões", do seu livro *XIV Alexandrinos*, publicado em 1914). Em 1925, Jorge de Lima imprime um folheto de poemas, intitulado *O mundo do menino impossível*, saudado por José Lins com entusiásticas palavras, devido à sua adesão não ao modernismo, mas... ao regionalismo: "Jorge de Lima [...] voltou a si, recobrou os sentidos. // A sua literatura de antes era uma literatura fora do tempo e do espaço. E mesmo, se quiséssemos situá-la, uma arquitetura em cera". E continua, afirmando que se o poeta rompeu com passadismo, não foi a "convenção modernista" que o levou aos novos versos:

> A poesia foi quem o levou a isso. // Aos seus poemas ele deixou que vivessem à vontade. Fugiu de os ajustar aos seus preconceitos de antigamente ou de os compor assim para não ficar atrás, como certos sujeitos, sempre preocupados em tomarem à hora certa os trens que levam à notoriedade e à voga.[29]

---

[29] *Idem*, 1997, p. 77.

Esse texto, publicado originalmente nas páginas do *Jornal de Alagoas*, passou a integrar, como posfácio, as edições de *Poemas*, de 1927, e *Poemas escolhidos*, de 1932. José Lins afirma mesmo que foi sua a sugestão para a composição de um dos mais célebres poemas do amigo, "Essa negra Fulô",[30] de claro cunho regionalista: "O tema do 'Negra Fulô' foi dado por mim que, tendo lido o 'Coco do major', de Mário de Andrade (a quem conheci de passagem por Maceió), lhe sugeri produzisse um poema baseado no coco alagoano".[31]

E ambos iriam contribuir significativamente para espalhar as novas ideias no ambiente provinciano. Argumenta Jorge de Lima:

> Que havia em todo o país uma preparação psicológica para o advento de uma nova estética, prova-o o fato de o Modernismo haver surgido quase ao mesmo tempo em diversos lugares. [...] Em Maceió nós também fazíamos literatura modernista, muito embora não nos prendêssemos aos próceres do Rio e de São Paulo qualquer laço mais estreito do que aquele que une escritores com as mesmas ideias. [...] Não passamos a fazer literatura modernista para imitar os nossos confrades de São Paulo e daqui [do Rio]. Abandonamos os velhos moldes porque também em Maceió, como em todo o Nordeste, àquele tempo, amadureceu e tomou forma, no espírito dos escritores, o desejo de fazer alguma coisa nova e diferente do que então se perpetrava por esse Brasil afora, na poesia, no romance, no ensaio, etc.[32]

---

[30] Publicado originalmente em 1928, como folheto, e incorporado a *Novos poemas*, de 1929.

[31] Ivo, Ledo. Anos de aprendizagem de José Lins do Rego. *Tribuna da Imprensa*, Rio de Janeiro: 15-16 dez. 1956, p. 7.

[32] In: Senna, *op. cit.*, p. 129-130.

Assim, em 1927 um grupo de adolescentes[33] criou em Maceió o Grêmio Literário Guimarães Passos que, em 17 de junho de 1928, realizou a Festa da Arte Nova, uma espécie de Semana de Arte Moderna da cidade. Mas a entrada desses jovens na modernidade do século XX só foi comemorada quando, em 27 de junho de 1929, promoveram a Canjica Literária, um evento regionalista, sob influxos de Jorge de Lima e de José Lins do Rego.[34] Desse núcleo, nasceu a revista semanal *Novidade*, que tirou 24 números, entre 11 de abril e 26 de setembro de 1931. Dirigida por Valdemar Cavalcanti e Alberto Passos Guimarães, contou com colaborações de José Lins do Rego, Graciliano Ramos, Jorge de Lima, Aurélio Buarque de Holanda Ferreira, Carlos Paurílio, Aluísio Branco, Manuel Diegues Júnior e Santa Rosa. A revista tinha interesses variados, publicando textos sobre política, contos, crônicas, poemas, críticas de literatura, teatro e cinema, fotografias e notas sociais.

> Quanto aos temas, a *Novidade* é reveladora dos problemas sociais nordestinos e brasileiros e da insatisfação que perduraram após a revolução de 1930. Desnuda em suas várias faces uma realidade de miséria: a violência do cangaço, a indústria das santas milagreiras, o analfabetismo, a política personalista, a necessidade de reforma da Constituição.[35]

---

[33] Aurélio Buarque de Holanda Ferreira, Arnon de Mello, Manuel Diegues Júnior, Mendonça Júnior, Paulo Malta Filho, Raul Lima, Valdemar Cavalcanti, Emílio de Maya, Carlos Paurílio e Aluísio Branco.

[34] V. Sant'Anna, Moacir Medeiros de. *História do Modernismo em Alagoas (1922-1932)*. Maceió: Edufal, 1980.

[35] Lebensztayn, Ieda. Graciliano Ramos e a revista Novidade: contra o lugar-comum. *Estudos Avançados*, São Paulo, v. 23, n. 67, jan.-mar. 2009, p. 254.

Nessa época, enquanto Jorge de Lima, enfrentando problemas políticos, muda-se de vez para o Rio de Janeiro, Graciliano Ramos, que em abril de 1930 renunciara ao mandato de prefeito de Palmeira dos Índios, estava morando em Maceió desde maio, nomeado diretor da Imprensa Oficial do estado. Lá, convive com José Lins – ambos colaboram no *Jornal de Alagoas* –, mas, no final de 1931, demitido, volta para Palmeira dos Índios. Em janeiro de 1933 muda-se novamente para Maceió, agora como diretor de Instrução Pública do estado, cargo que ocupa até 1936. J. Nemésio relembra a convivência dos dois na capital alagoana: "Mais tarde, vi-os novamente, desta vez juntos, em Maceió, e já camaradas, ambos já criticando os figurões da terra, costurando pessoas e coisas, cochichando, rindo, cutucando 'personalidades'".[36]

Esse será um período de intensa atividade literária para José Lins e Graciliano. Em 1932, José Lins imprime, por conta própria, dois mil exemplares de seu primeiro romance, *Menino de engenho*, que rapidamente se esgotam, alcançando enorme sucesso no Rio de Janeiro e projetando o nome do autor. Na sequência, publicará quase todo o chamado "Ciclo da Cana-de-Açúcar": *Doidinho* (1933), *Banguê* (1934), *O moleque Ricardo* (1935), que se completa com *Usina* (1936) e que tem Maceió como cenário. Graciliano estreia em 1933, com *Caetés*, que também chama a atenção da crítica e do público, e lança no ano seguinte *São Bernardo*.

Em Maceió, José Lins ainda se tornaria amigo do conterrâneo Santa Rosa, funcionário do Banco do Brasil, que lá morou em 1931 e que, radicando-se no ano seguinte no Rio de Janeiro, ganhou reconhecimento como artista plástico, crítico de arte, cenógrafo e um dos maiores capistas brasileiros

[36] Nemésio, J. José Lins e Graciliano. *Diário de São Paulo*, São Paulo, 19 out. 1950.

de todos os tempos.[37] E, ambos, José Lins e Graciliano, ainda conviveriam com a cearense Rachel de Queiroz, em 1935,[38] consagrada pelo êxito de seu primeiro livro, *O Quinze* (1930), e já tendo lançado outro romance, *João Miguel* (1932). Aurélio Buarque de Holanda Ferreira relembra: "À noite, o grupo [...] reunia-se no 'Ponto Central', não faltando às conversas outros escritores mais jovens ou menos famosos".[39]

Jorge Amado recordou com carinho esse momento, quando decidiu viajar até Maceió para conhecer pessoalmente Graciliano:

> Fui encontrá-lo num bar; tomava café preto em xícara grande, cercado pelos intelectuais da terra – todos eles reconheciam a ascendência do autor ainda inédito, era o centro da roda. Ficamos amigos imediatamente. [...] Fiquei amigo também de todo o poderoso grupo de escritores que vivia em Maceió. Digo vivia, pois, além dos alagoanos – Graciliano, Valdemar, Aurélio Buarque de Holanda, Alberto Passos Guimarães, Raul Lima, Theo Brandão, José Auto, Diegues Júnior, Carlos Moliterno, o poeta Aluísio Branco e o contista Carlos Paurílio – ali residiam, na ocasião, José Lins do Rego e Rachel de Queiroz, dois dos mais importantes entre os jovens romancistas.[40]

Graciliano, acusado de subversão, é preso em 3 de março de 1936 e enviado para o Rio de Janeiro, onde ficaria

---

[37] Seus primeiros projetos gráficos serão para o romance *Caetés*, de Graciliano Ramos, pela Schmidt Editora; e *Cacau*, de Jorge Amado, e *Doidinho*, de José Lins do Rego, para a Ariel Editora. Depois, se tornará o capista quase oficial da Livraria José Olympio Editora.

[38] A família do primeiro marido de Rachel, José Auto da Cruz Oliveira, era de Maceió. V. NERY, *op. cit.*, p. 91.

[39] In: Senna, *op. cit.*, p. 265.

[40] "O dia em que conheci Graciliano". São Paulo: Status, nov. 1978, p. 150-151.

encarcerado até janeiro de 1937, sendo solto graças aos esforços do amigo José Lins, que, nomeado fiscal do imposto de consumo, se transfere para a Capital Federal em fins de 1935. É ainda pelas mãos de José Lins que o terceiro livro de Graciliano, *Angústia*, cujo cenário também é Maceió, é publicado em 1936, estando o autor na cadeia. Aurélio Buarque de Holanda muda-se em 1938 e em 1940 passa a lecionar no Colégio Pedro II. Em 1939, Rachel de Queiroz transfere-se em definitivo para o Rio de Janeiro, onde o consultório médico de Jorge de Lima, na Cinelândia, transforma-se em ponto de encontro dos intelectuais radicados na capital da República. E essa amizade, de influências recíprocas, permite que os chamados "regionalistas de 30" renovem o regionalismo nordestino imediatamente anterior, tendo em Gilberto Freyre um sucessor ideológico de Franklin Távora – assim como, de certa maneira, Mário de Andrade retomará no século XX as ideias de José de Alencar.[41] Os regionalistas eram modernos, sim, mas não modernistas...

■ Versões deste texto foram publicadas anteriormente em:

Rascunho, Curitiba, n. 99, jul. 2008, p. 14; e n. 100, ago. 2008, p. 18.

[41] V., neste livro, "Alencar, fundador da literatura brasileira", p. 19.

O progressista conservador

Nunca compreendi a inserção de Graciliano Ramos na corrente regionalista da literatura brasileira, assim como ainda hoje me intriga o fato de historiadores e críticos literários situarem a obra dos romancistas nordestinos como continuação natural dos preceitos da Semana de Arte Moderna de 1922. Nada mais equivocado, a meu ver.[1] Os romances, contos e memórias de Graciliano constituem um todo coeso e inseparável de sua formação intelectual, pouco afeito às conquistas do modernismo e às inovações técnicas das diversas vanguardas.

Aliás, Graciliano demonstrava verdadeira antipatia pelos modernistas. Indagado, certa feita, se acompanhou os desdobramentos do movimento paulista, responde positivamente, para emendar: "Sempre achei aquilo uma tapeação desonesta. Salvo raríssimas exceções, os modernistas brasileiros eram uns cabotinos". E, quando perguntado diretamente se se considerava modernista, responde com irritação: "Que ideia! Enquanto os rapazes de 22 promoviam seu movimentozinho, achava-me em Palmeira dos Índios, em pleno sertão alagoano, vendendo chita no balcão".[2]

---

1 V., neste livro, "Maceió, 1930", p. 113.

2 Ramos, Graciliano. In: Senna, Homero. *República das Letras: entrevistas com 20 grandes escritores brasileiros*. 3. ed. rev. ampl. Rio de Janeiro: Civilização Brasileira, 1996, p. 202.

Noutro momento, o escritor é ainda mais contundente:

> Tenho a impressão [...] de que as gerações novas, surgindo com o seu ímpeto revolucionário, com sua forte propaganda e também com muitas imposturas, não só fabricaram uma boa quantidade de falsos valores, como adulteraram julgamentos, fazendo com que hoje sejam ignorados e, por isso mesmo, desprezados muitos de nossos escritores do passado, superiores a esses ruidosos cabotinos que andam por aí.[3]

Em diversas ocasiões, Graciliano manifestou sua preferência pelos clássicos e sua incompreensão pelos modernos. Em entrevista, em Lisboa, reproduzida no jornal *Correio da Manhã*, o escritor faz afirmações como:

> Não sou otimista em relação à literatura brasileira... [...] A verdade é que não há valores no romance brasileiro depois do romance nordestino de 1932 a 1935. [...] não entendo essa coisa que os modernos chamam poesia [...] A literatura brasileira deste tempo é uma literatura falhada... E na Europa? Onde estão os novos valores? Os que substituíram Balzac e Tolstói e o Eça, *dos Maias*?.[4]

Graciliano chega a ser tão conservador em sua visão estética que nem mesmo Machado de Assis, que considera "o maior entre os brasileiros" no gênero conto, livra-se de sua crítica:

---

[3] Ramos, Graciliano. Entrevista a R. Magalhães Junior. Graciliano e o conto brasileiro. *Diário de Notícias*, Rio de Janeiro, 22 mar. 1953, p. 3 (Primeira seção).

[4] Ramos, Graciliano. Declarações do escritor Graciliano Ramos em Lisboa. *Correio da Manhã*, Rio de Janeiro, 30 abr. 1952, p. 4 (1º caderno).

> Machado de Assis é um grande escritor, apenas não é romancista. Do ponto de vista da técnica novelística, todos os seus romances são deficientes. São misturas de crônicas, ensaios, aforismos, meditações, contos, sobretudo de contos. O *Brás Cubas* não é outra coisa senão uma narração incoerente, com uns contos interpolados.[5]

Ou seja, aquilo que diferencia e singulariza Machado de Assis, a sua original concepção da arquitetura do romance, é justo isso que impacienta Graciliano.

Nascido em Quebrangulo, interior de Alagoas, em 1892, o escritor teve uma formação literária autodidata. Após uma breve e quase anônima passagem pelas redações de jornais do Rio de Janeiro, entre 1914 e 1915, voltou para Palmeira dos Índios, onde sua família havia se radicado, casou-se, enviuvou. É assim, dono da loja A Sincera, cuidando sozinho de quatro filhos, que em 1926 vai ser encontrado por José Lins do Rego, em visita à cidade como membro da comitiva oficial do governador do estado. Conta José Lins que, avisado de que ali morava "o homem que sabe mais mitologia em todo o sertão", deparou-se com um sujeito de "olhos desconfiados" que, além de mitologia, também entendia de Honoré de Balzac, Émile Zola e Gustave Flaubert: "Soube que era comerciante, que tinha família grande, que era ateu, que estivera no Rio, que fizera sonetos, que sabia inglês, francês, que falava italiano".[6] Estava então com 34 anos, lia muito, assinava jornais do Rio de Janeiro e mantinha-se

---

[5] Ramos, Graciliano. Entrevista a Otto Maria Carpeaux. Obras-primas desconhecidas do conto brasileiro. *Folha da Manhã*, São Paulo, 15 maio 1949.

[6] Rego, José Lins do. O mestre Graciliano. *O cravo de Mozart é eterno*. Seleção, organização e apresentação de Ledo Ivo. Rio de Janeiro: José Olympio, 2004, p. 35.

informado das novidades literárias por meio de encomendas às livrarias Alves e Garnier, e do *Mercure de France*, de Paris. E também escrevia bastante.

Graciliano estreou aos doze anos com o conto "O pequeno pedinte", no primeiro dos dois únicos números do jornal *O Dilúculo*, criado por ele quando estudava no Internato Alagoano, de Viçosa. Ao longo das décadas de 1910 e 1920, divulgou poemas, crônicas e contos sob diversos pseudônimos em periódicos provincianos: *O Índio*, de Palmeira dos Índios; *Jornal de Alagoas*, de Maceió; *Parahyba do Sul*, da cidade do mesmo nome, no interior do Rio de Janeiro. As crônicas foram recolhidas postumamente em quatro volumes: *Linhas tortas* e *Viventes das Alagoas*, ambos de 1962; *Garranchos*, de 2012; e *Cangaços*, de 2014. Os poemas permanecem inéditos – a saber, versos satíricos, como os transcritos por Aurélio Buarque de Holanda, em artigo em homenagem aos 70 anos de nascimento de Graciliano,[7] e sonetos parnasianos,[8] como informa Otto Maria Carpeaux: "O fracasso da primeira tentativa de uma carreira literária [a passagem do escritor pelo Rio de Janeiro

---

[7] Holanda, Aurélio Buarque de. Recordando Graciliano Ramos: a face e os episódios menos conhecidos de um "humour" provinciano do escritor que faria 70 anos nestes dias de outubro. *Diário de Notícias*, Rio de Janeiro, 7 out 1962, p. 1 e 5 (Suplemento Literário). Estes poemas satíricos foram recolhidos em Ramos, Graciliano. *Garranchos*. Org. Thiago Mio Salla. Rio de Janeiro: Record, 2012. p. 83-90.

[8] "Tinha eu catorze anos, creio que incompletos, quando publiquei, com pseudônimo de Feliciano de Olivença, dois sonetos em *O Malho*" (Ramos, Graciliano. Um inquérito. *Jornal de Alagoas*, Maceió, 18 set. 1910. *Apud* Santana, Moacir Medeiros de. *A face oculta de Graciliano*. Maceió: Secult, 1992, p. 39). Os sonetos eram "Incompreensível" e "Confissão", publicados nas edições dos dias 29 de junho e 6 de julho de 1907, respectivamente.

entre 1914 e 1915] se compreende (o próprio Graciliano me confessou ter escrito, então, sonetos parnasianos)".[9]

Já os textos de ficção tiveram diferentes destinos. Em carta enviada à sua irmã Leonor, datada de 10 de julho de 1915, Graciliano cita a existência de três contos prontos para publicação ("Maldição de Jeovah", "A Carta", "O Discurso") e de pelo menos outras três novelas (embora só nomeie uma delas, "O Retardatário").[10] Em fins de 1925, o escritor resolveu destruir os inéditos, como conta ao amigo A. J. Pinto da Mota Lima Filho, em carta datada de 1º de janeiro de 1926:

> O mês passado, abri o compartimento inferior da estante e encontrei lá um par de tamancos imprestáveis, uma coleção de selos e algumas resmas de manuscritos. Deitei fora os tamancos, dei os selos ao meu rapaz mais velho e queimei os papéis.

Mas não queimou tudo... Na mesma carta, afirma:

> tive a fraqueza de poupar ao fogo umas coisas velhas que me trazem recordações agradáveis e dois contos que andei compondo ultimamente, porque tenho estado desocupado e me imaginei com força para fabricar dois tipos de criminosos.[11]

Por essa época, Graciliano estava redigindo seu primeiro romance, *Caetés*, impregnado das leituras de Eça de Queirós,

---

[9] Carpeaux, Otto Maria. Graciliano: insônia e esperança. *Jornal do Brasil*, Rio de Janeiro, 28 ago. 1976, p. 7 (Caderno B).

[10] Ramos, Graciliano. *Cartas*. 7. ed. Rio de Janeiro: Record, 1992. p. 59-63.

[11] *Ibidem*, p. 80.

autor que endeusava.[12] Heloísa Ramos, sua mulher, recorda, em entrevista a Leo Gilson Ribeiro: "Graça [apelido familiar de Graciliano Ramos] e eu líamos, por exemplo, *Os Maias*, infinitas vezes, quantas ocasiões houve em que eu recitava um trecho e ele emendava por linhas inteiras".[13]

Concluído em 1928, o livro, que reputava uma "narrativa idiota", resultado de "leituras insuficientes",[14] e que muitos críticos, convencidos pela suposta má vontade do autor com relação a ele, consideram-no erroneamente um título menor em sua bibliografia, continuou a ser "mexido" até perto de sua publicação, em 1933[15] – sinal de que passou por seu rigorosíssimo crivo. A significativa importância de *Caetés* no conjunto de sua obra, o próprio Graciliano percebe:

> Nessas páginas horríveis, onde nada se aproveita, um fato me surpreendeu: as personagens começaram a falar. Até então minhas infelizes criaturas, abandonadas incompletas, tinham sido quase mudas, talvez por tentarem

---

[12] "Eça é grande em tudo – na forma própria, única, estupendamente original, de dizer as coisas; na maneira de descrever a sociedade, estudando de preferência os seus lados grotescos, ridicularizando-a, caricaturando-a; na arte com que sabe transportar do burlesco ao dramático, da amenidade de uma palestra entre íntimos às paisagens de Cintra, dos salões de Paris às serras de Tormes, das práticas devotas de uma velha casa cheia de padres à Jerusalém do tempo de Jesus", escrevia Graciliano Ramos no Jornal de Alagoas, em março de 1915 (Ramos, Graciliano. *Linhas tortas*. 3. ed. Rio de Janeiro: Record; São Paulo: Martins, 1975. p. 16).

[13] Graciliano: A arte de um homem crítico e comovido. *Jornal da Tarde*, São Paulo, 19 mar. 1983.

[14] Ramos, Graciliano. Alguns tipos sem importância. In: *Linhas tortas*, *op. cit.*, p. 194-196.

[15] V. Ramos, Graciliano. Bilhete a Heloísa de Medeiros Ramos. In: *Cartas*, *op. cit.*, p. 113.

> expressar-se num português certo demais, absolutamente impossível no Brasil.[16]

Aqui, talvez, possamos nos indagar: então, de onde viria a consciência de Graciliano Ramos a respeito da necessidade de usar uma língua nacional em suas narrativas? Seria uma influência dos modernistas de 1922, já que abrasileirar a língua portuguesa era uma de suas mais importantes premissas?

Em 1948, em entrevista a Homero Senna, Graciliano afirma que em sua primeira passagem pelo Rio de Janeiro não fez nenhuma camaradagem literária, já que

> os escritores daquele tempo eram cidadãos que, nas livrarias e nos cafés, discutiam colocação de pronomes e discorriam sobre [Hippolyte] Taine. [Aqueles anos] assinalam, na literatura brasileira, uma época cinzenta e anódina [...].[17]

Portanto, o escritor estava consciente de que a língua com que se exprimiam os literatos do começo do século, vazia e pedante, não servia a seus propósitos.[18] E a solução para esse impasse já havia sido dada pelo menos desde meados do século XIX. A preocupação em fundar uma língua literária nacional está toda ela formulada em diversos textos teóricos de José de Alencar – os posfácios a *Diva*, de 1865; à 2ª edição de *Iracema*, de 1870; e à 2ª edição de *Sonhos d'ouro*, de 1872, afora cartas,

---

16 *Linhas tortas*, *op. cit.*, p. 195.

17 Senna, *op. cit.*, p. 199.

18 Curioso que Graciliano ignorasse Lima Barreto, que naquele momento já havia publicado dois de seus principais romances, *Recordações do escrivão Isaías Caminha*, em 1909, e *Triste fim de Policarpo Quaresma*, em 1915, e que certamente concordaria em absoluto com suas observações.

artigos e crônicas,[19] e que poderia ser resumida assim: "O povo que chupa o caju, a manga, o cambucá e a jabuticaba, pode falar uma língua com igual pronúncia e o mesmo espírito do povo que sorve o figo, a pera, o damasco e a nêspera?".[20]

Graciliano leu Alencar em sua infância, e conhecia e apreciava as proposições do cearense – "Tinha eu dez anos de idade, quando comecei a admirar as bonitas descrições, a linguagem atraente do autor da *Iracema*".[21]

Em 1932, os originais de *Caetés* já se encontravam nas mãos do poeta e editor Augusto Frederico Schmidt, e Graciliano, de regresso a Palmeira dos Índios, após breve passagem por Maceió, onde exerceu o cargo de diretor da Imprensa Oficial do Estado, andava às voltas com "ideias negras":

> lembrei-me então dos criminosos dos contos [que havia salvado do fogo em 1926]. Um deles entrou a perseguir-me, cresceu desmedidamente, um que batizei com o nome de Paulo Honório[22] e reproduzia alguns coronéis assassinos e ladrões meus conhecidos.[23]

Em carta à sua mulher, Heloísa, datada de 1º de novembro de 1932, Graciliano afirma que *São Bernardo* está pronto,

> mas foi escrito quase todo em português [...]. Agora está sendo traduzido para brasileiro, um brasileiro encrencado,

---

[19] V. Pinto, Edith Pimentel. *O português do Brasil: textos críticos e teóricos. Volume 1: 1820-1920 – Fontes para a teoria e a história*. Rio de Janeiro: Livros Técnicos e Científicos; São Paulo: Edusp, 1978. p. 55-150.

[20] *Ibidem*, p. 96.

[21] Um inquérito. *Jornal de Alagoas*, Maceió, 18 set. 1910. *Apud* Santana, *op. cit.*, p. 37.

[22] O conto intitulava-se "A carta".

[23] *Linhas tortas*, *op. cit.*, p. 195.

> muito diferente desse que aparece nos livros da gente da cidade, um brasileiro de matuto, com uma quantidade enorme de expressões inéditas, belezas que eu mesmo nem suspeitava que existissem. [...] Sendo publicado, servirá muito para a formação, ou antes para a fixação, da língua nacional.[24]

São Bernardo foi lançado em 1934, um ano após *Caetés*. Em 1935, diante de "novas dificuldades", o criminoso do outro conto ressurgiu:[25] "Localizei esse tipo na capital, fiz dele um pequeno funcionário, último galho duma família rural estragada, e dei-lhe um nome insignificante, Luís da Silva [...]".[26]

Heloísa Ramos lembra que, como era ela quem datilografava os textos do marido,

> não era raro acontecer de uma página longa manuscrita só restarem quatro, dez linhas. As outras, ele considerava imprestáveis, ele não só rasurava como passava o cigarro aceso sobre elas, para torná-las definitivamente ilegíveis.[27]

Nada mais distante do "culto lúcido, inteligente, à correção da linguagem", herdado de Eça de Queirós, como lembra Leo Gilson Ribeiro,[28] do que, por exemplo, a pregação de Oswald de Andrade em seu "Manifesto da Poesia Pau Brasil": "a língua sem arcaísmo. Sem erudição.

---

24 *Cartas, op. cit.*, p. 134-135.

25 O conto intitulava-se "Entre grades".

26 *Linhas tortas*, *op. cit.*, p. 195-196.

27 Graciliano: A arte de um homem crítico e comovido. *Jornal da Tarde*, São Paulo, 19 mar. 1983.

28 *Ibidem.*

Natural e neológica. A contribuição milionária de todos os erros".[29]

Graciliano encantou-se exatamente com o potencial da língua falada no Nordeste, com seus arcaísmos e sua sintaxe: "Quando eu cometer um erro podem considerar que cometi por burrice",[30] afirmava, pois devia muito "aos caboclos do Nordeste, que falam bem": "É lá que a língua se conserva mais pura. Num caso de sintaxe de regência, por exemplo, entre a linguagem de um doutor e do caboclo – não tenha dúvida, vá pelo caboclo, ele não erra".[31]

Se a linguagem usada em seus livros destoa daquela preconizada pela catequese nacionalista dos modernistas, mais remota ainda é sua pretensa filiação ao regionalismo, termo já bastante problemático como conceito. Ligia Chiappini explica que historicamente "a tendência que se denominou regionalista em literatura vincula-se a obras que expressam regiões rurais e nelas situam suas ações e personagens, procurando expressar suas particularidades linguísticas". E ainda:

> o grande escritor regionalista é aquele que sabe nomear; que sabe o nome exato das árvores, flores, pássaros, rios e montanhas. [...] embora ficcional o espaço regional criado literariamente aponta enquanto portador de símbolos para um mundo histórico-social e uma região geográfica existente.[32]

---

[29] Andrade, Oswald de. *Pau Brasil*. 2. ed. São Paulo: Globo, 2003, p. 102.

[30] Nossos escritores – Graciliano Ramos: "Sempre fui antimodernista". Entrevista a José Tavares de Miranda. *Folha da Manhã*, São Paulo, 23 set. 1951.

[31] Ramos, Graciliano. In: Senna, *op. cit.*, p. 206.

[32] Chiappini, Ligia. Do beco ao belo: dez teses sobre o regionalismo na literatura. In: Cristóvão, Fernando; Ferraz, Maria de Lourdes;

Características que, em definitivo, não se aplicam à obra de Graciliano, como ele mesmo frisa: "não me preocupo em pintar o meio. O que me interessa é o homem daquela região aspérrima. [...] Foi essa pesquisa psicológica que procurei fazer, pesquisa que os escritores regionalistas não fazem".[33]

Tomemos um a um os romances de Graciliano.[34]

A trama de *Caetés* transcorre numa pequena cidade, Palmeira dos Índios – e não no ambiente rural – e, embora mantenha traços de filiação naturalista (característica fundamental do regionalismo), o que importa na narrativa é a construção paulatina dos personagens mediante suas características psicológicas. O introvertido João Valério apaixona-se por Luísa, mulher de Adrião, dono da firma onde trabalha como guarda-livros. O caso vem à tona, denunciado por uma carta anônima, e o marido traído se mata. Arrependido, João Valério afasta-se de Luísa. Paralelamente, ele está tentando escrever um romance histórico, intitulado *Caetés*.[35]

Carvalho, Alberto (Coord.). *Nacionalismo e regionalismo nas literaturas lusófonas*. Lisboa: Cosmos, 1997. p. 133-136.

33 Broca, Brito. *Vidas secas*: Uma palestra com Graciliano Ramos – O sertanejo da zona árida – O homem no seu habitat. *A Gazeta*, São Paulo, 15 mar. 1938.

34 "O nosso amigo comum Aurélio Buarque de Holanda chamou-me a atenção para a circunstância de representar cada uma das obras de Graciliano Ramos um tipo diferente de romance. Com efeito. *Caetés* é dum Anatole ou Eça brasileiro; *São Bernardo* é digno de Balzac; *Angústia* tem algo de Marcel Jouhandeau, e *Vidas secas* algo dos recentes contistas norte-americanos. Graciliano Ramos faz experimentos com a sua arte; e como o 'mestre' não precisa disso, temos aí um indício certo de que está buscando a solução de um problema vital" (Carpeaux, Otto Maria. Visões de Graciliano Ramos. In: Ramos, Graciliano. *Angústia*. São Paulo: Círculo do Livro, [s.d.], p. 194).

35 É interessante observar as coincidências da trama de *Caetés* com o conto "No moinho", de Eça de Queirós – o próprio nome do

Publicado na sequência, a história de *São Bernardo* se passa numa fazenda nos arredores de Viçosa, mas o que menos importa no desenvolvimento do livro é a paisagem. Aliás, o leitor entra e sai sem que ouça mugidos de vacas ou balidos de carneiros, sem se magoar em espinhos de mandacaru, sem torrar a cabeça sob o sol intratável do sertão. Apenas acompanhamos a derrocada moral do ex-guia de cegos Paulo Honório, homem bruto e insensível, que destrói tudo à sua volta, inclusive a única pessoa que talvez o tenha amado em toda a sua vida, Madalena, sua mulher.

Com *Angústia*, chegamos a Maceió. Grosso modo, poderíamos dizer que essa obra continua e aprofunda a técnica empregada em *São Bernardo*: trata-se de um relato confessional, cujo protagonista também é um fracassado, alguém fora de seu lugar. Mas, se em *São Bernardo* vislumbramos a possibilidade de recomposição do "real", ainda que distorcido por um caráter doentio, em *Angústia* trata-se do total estilhaçamento da "realidade". A motivação do personagem principal, Luís da Silva, é tentar sobreviver à própria mediocridade.

Em 1938, é lançado *Vidas secas*,[36] talvez o único de todos os seus livros que alguém mais desatento poderia encaixar

---

protagonista, o arcaico Adrião, certamente dali foi retirado. V. Queirós, Eça de. *Contos I*. Edição crítica. Lisboa: Imprensa Nacional; Casa da Moeda, 2009. p. 207-218. (Quem me chamou a atenção para essa semelhança foi o ensaísta e poeta Eloésio Paulo, a quem agradeço.)

[36] Título que se tornou definitivo apenas na hora de o livro ir para a gráfica. Antes, iria se chamar *O mundo coberto de penas*, que é também o título de um dos capítulos. E, antes ainda, tinha o título de *Cardinheiras* – ave de arribação, parda, com duas manchas pretas junto aos olhos, que, entre março e abril, se encontra no Nordeste para desova, quando então são abatidas. Esse título aparece em correspondência de Graciliano Ramos com Octávio Dias Leite, datada de 3 de setembro de 1937. "Estou terrivelmente ocupado [...] Preciso

nos moldes pré-fabricados do regionalismo: a trama se passa no sertão de Alagoas e há referências explícitas à paisagem. Mas o próprio Graciliano é o primeiro a descartar qualquer subordinação a escolas:

> Não se trata de um romance de ambiente, como geralmente costumam fazer os escritores nordestinos e os regionalistas em geral. Eles se preocupam apenas com a paisagem, a pintura do meio, colocando os personagens em situação muito convencional. Não estudam, propriamente, a alma do sertanejo.[37]

Justo aqui, Graciliano ousa experimentar formalmente, fazendo mais ou menos o que condenou em Machado de Assis, um volume que não obedece a regras canônicas, que "tanto pode ser contos como capítulos de romance",[38] segundo sua própria definição.[39]

---

acabar as minhas Cardinheiras. Parece que vai ser esse o título do romance" – o livro foi finalizado em outubro daquele ano. *Vidas secas* ia se chamar *Cardinheiras*. Reportagem de Roselena Nicolau. *Jornal do Brasil*, Rio de Janeiro, 14 jun. 1998, p. 2 (Caderno B).

37 *Ibidem.*

38 *Linhas tortas*, *op. cit.*, p. 196.

39 Rubem Braga dá um interessante depoimento sobre a confecção de *Vidas secas*. "Queria fazer um romance, mas a conta da pensão não podia esperar um romance. Por isso cada capítulo ficou sendo um conto, que era vendido logo para um jornal do Rio e outro de Buenos Aires, único meio de aplacar a fome de dinheiro de dona Elvira [dona da pensão]. E enquanto armava, peça por peça, seu romance desmontável, ia fazendo um ou outro artigo que lhe pediam" (Braga, Rubem. Rubem Braga comemora aqui uma outra data: os quarenta anos de *Vidas secas*: Eu vi esse livro nascer. *Status*, n. 52, p. 151-152, nov. 1978. Texto que integrará o segundo volume de *Conversas*. Organização de Thiago Mio Salla e Ieda Lebensztayn. Rio de Janeiro: Record, 1978.)

> Em 1937 escrevi algumas linhas sobre a morte duma cachorra [...]. Dediquei em seguida várias páginas aos donos do animal. Essas coisas foram vendidas, em retalho, a jornais e revistas. E como José Olímpio [o editor José Olympio] me pedisse um livro para o começo do ano passado, arranjei outras narrações.[40]

Em depoimento escrito a pedido de João Condé, redigido em junho de 1944, mas só publicado em 1953, logo após sua morte, Graciliano revela:

> No começo de 1937 utilizei num conto a lembrança de um cachorro sacrificado na Maniçoba, interior de Pernambuco, há muitos anos. Transformei o velho Pedro Ferro, meu avô, no vaqueiro Fabiano; minha avó tomou a figura de Sinhá Vitória; meus tios pequenos, machos e fêmeas, reduziram-se a dois meninos. // Publicada a história, não comprei o jornal e fiquei dois dias em casa, esperando que meus amigos esquecessem "Baleia". O conto me parecia infame – e surpreendeu-me falarem dele. A princípio julguei que as referências fossem esculhambação, mas acabei aceitando como razoáveis o bicho, o matuto, a mulher e os garotos. Habituei-me tanto a eles que resolvi aproveitá-los de novo. Escrevi "Sinhá Vitória". Depois apareceu "Cadeia". Aí me veio a ideia de juntar as cinco personagens numa novela miúda – um casal, duas crianças e uma cachorra, todos brutos.[41]

Graciliano termina o depoimento afirmando que a narrativa foi "composta sem ordem": "Comecei pelo nono

---

[40] *Idem, ibidem.*

[41] Ramos, Graciliano. In: Condé, João. Arquivos implacáveis. *O Cruzeiro*, Rio de Janeiro, 25 abr. 1953, p. 65.

capítulo. Depois chegaram o quarto, o terceiro, etc.". Ele tinha tanta consciência de que o livro, mais que romance ou novela, era um alinhavo de contos, que utilizou três capítulos de *Vidas secas* – "Baleia", "Festa" e "Cadeia" – para compor um volume de contos, publicado em 1946, *Histórias incompletas.*[42]

Conhecido por sua casmurrice, Graciliano Ramos coloca em xeque, com sua obra, vários pré-conceitos. Filiado ao Partido Comunista – suas prisões resultaram de sua sempre explícita militância –, nunca aceitou submeter-se aos dogmas estalinistas. Alagoano, e descrevendo o homem nordestino, nunca se deixou limitar pelas imposições do chamado "regionalismo". Romancista consagrado, não se permitiu seduzir pela facilidade do ofício e, após uma curta carreira – de *Caetés*, o primeiro romance, a *Vidas secas*, o último, transcorreram apenas cinco anos –, buscou outras formas de expressão: as memórias, em *Infância* (1945) e *Memórias do cárcere* (1953); os contos, em *Dois dedos* (1945), *Insônia* (1945) e *Histórias incompletas* (1946); a literatura infantil, em *Histórias de Alexandre* (1944); e o relato de viagem, em *Viagem* (1954). "Não há talento que resista à ignorância da língua",[43] sentenciou este moderno antimodernista.

Progressista conservador, Graciliano Ramos buscou reinventar-se em cada nova obra de sua não muito extensa, mas fundamental bibliografia, aceitando com fatalismo a máxima por ele mesmo cunhada: "Nunca pude sair de mim mesmo. Só posso escrever o que sou. E se as personagens se comportam de modos diferentes, é porque não sou um só".[44]

---

42 Ramos, Graciliano. *Histórias incompletas*. Porto Alegre: Globo, 1946.

43 In: Senna, *op. cit.*, p. 207.

44 Idem, ibidem.

■ Versões deste texto foram publicadas anteriormente em:

Cândido. Curitiba: Biblioteca Pública do Paraná, n. 61, ago. 2016. p. 3-9.

Der konservativ Progressist. In: *Ensaios sobre Graciliano Ramos. Essays über Graciliano Ramos*. Brasília: Instituto Guimarães Rosa; Fundação Alexandre de Gusmão, 2023. p. 8-35. Tradução de Michael Kegler.

Reflections on Graciliano Ramos. In: Brandellero, Sara. Villares, Lucia. *Graciliano Ramos and the Making of Modern Brazil: Memory, Politics and Identities*. Cardiff: University of Wales Press, 2017. p. 16-20.

Um sertão fora do tempo e do espaço

Sempre me perguntei por que alguns autores, independentemente de juízo de valor, inoculam nas gerações seguintes traços de sua personalidade criadora, que poderíamos nomear "diálogo" mais que "influência", enquanto outros produzem obras impermeáveis, que se encerram em si mesmas. Não encontrei respostas, mas ouso uma hipótese, escudado numa máxima de Northrop Frye, de que a literatura é "uma fonte inexaurível de novas descobertas críticas e continuaria sendo, mesmo que novas obras literárias cessassem de ser escritas".[1] Assim, penso que poderíamos dividir os escritores em duas categorias: os emuladores e os esterilizantes. Por emulador entendo aquele que incita os pares a perseguir seus passos, seja estilisticamente, seja em termos de visão de mundo; e por esterilizante, aquele que paralisa, castra uma possível descendência.

Ambos os grupos encabeçam-nos dois dos maiores nomes da história da literatura brasileira. De um lado, Machado de Assis; de outro, Guimarães Rosa. Machado de Assis, cada vez mais reconhecido com um dos maiores escritores de qualquer tempo e em qualquer língua, seria, na minha nomenclatura,

---

[1] Frye, Northrop. *Fábulas de identidade: Estudos de mitologia poética*. Tradução de Sandra Vasconcelos. São Paulo: Nova Alexandria, 2006, p. 16.

exemplo maior de autor emulador. Ironicamente, contrariando Brás Cubas, que conclui sua narrativa com a célebre frase, "não tive filhos, não transmiti a nenhuma criatura o legado da nossa miséria",[2] seu criador fecundou uma extensa filiação, desde um hoje esquecido Pedro Rabello, autor dos contos de *A alma alheia*, até um Murilo Rubião, passando por Lima Barreto, Cyro dos Anjos e Marques Rebelo, entre outros. Poderíamos assim constatar uma já rica tradição machadiana na literatura nacional.

Guimarães Rosa, por outro lado, seria o representante mais paradigmático da segunda acepção, a do autor esterilizante. Experimentalista e renovador, não há notícia de escritor importante que possa ser considerado de linhagem roseana. Há, talvez, pastiches, imitações, epigonias – ou seja, condenações. Para mim, Guimarães Rosa não deixou seguidores pela simples razão de que ele não pode ser entendido como um autor "realista", ao contrário de Machado de Assis. A linguagem é um meio para a descrição do mundo – adequa-se às necessidades implícitas do escritor. Como declara Guimarães Rosa, em carta a Curt Meyer-Clason: "a língua, para mim, é instrumento: fino, hábil, agudo, abarcável, penetrável, sempre perfectível, etc. Mas sempre a serviço do homem e de Deus, do homem de Deus, da Transcendência".[3]

E, no caso, sua linguagem permeia e é permeada pelo mundo que criou, situado fora do espaço e do tempo, habitado antes por tipos que indivíduos – um sertão e um sertanejo

---

[2] Assis, Machado de. *Memórias póstumas de Brás Cubas*. Rio de Janeiro; Brasília: Civilização Brasileira; MEC, 1975, p. 301.

[3] Rosa, João Guimarães. *Correspondência com seu tradutor alemão, Curt Meyer-Clason (1958-1967)*. Ed., org. e notas Maria Aparecida Faria Marcondes Bussolotti. Tradução de Erlon José Paschoal. Rio de Janeiro; Belo Horizonte: Nova Fronteira; Academia Brasileira de Letras; Editora UFMG, 2003, p. 412.

míticos em suma, porque, ele afirma, "o sertão é o terreno da eternidade"[4] e, na eternidade, sabemos, o tempo e o espaço encontram-se suspensos.

Em um raro depoimento, dado a João Condé, Guimarães Rosa diz, sobre *Sagarana*, que quando a chegou a hora de escrever o livro, pensou

> num barquinho, que viria descendo o rio e passaria ao alcance das minhas mãos, e eu ia poder colocar nele o que quisesse. Principalmente [...] minha concepção-do-mundo. Tinha que pensar, igualmente, na palavra "arte", e em tudo o que ela para mim representa, como *corpo* e como *alma*; como um daqueles caminhos que levam do temporal ao eterno, principalmente.[5]

Daí advém a genialidade de Guimarães Rosa e também sua solidão – basta lembrar que ele não foi, em sua época, a unanimidade que hoje se tornou. Em 1958, a revista *Leitura* produziu uma enquete, intitulada "Escritores que não conseguem ler *Grande sertão: veredas*", que ocupou duas páginas da publicação, listando nomes como Barbosa Lima Sobrinho, Osório Borba, Jayme Adour da Câmara, Permínio Asfora, Ferreira Gullar, Adonias Filho e Joel Silveira, entre outros.[6] Pode-se argumentar, com razão, que talvez essa certa má vontade da crítica se deva àquele momento, que é de reorientação estética da literatura brasileira – os romancistas dito "regionalistas" perdiam pouco a pouco espaço para o que veio a se chamar

---

[4] Lorenz, Günter. Diálogo com Guimarães Rosa. In: Coutinho, Afrânio; Coutinho, Eduardo de Faria (Org.). *Guimarães Rosa*. Rio de Janeiro; Brasília: Civilização Brasileira; INL, 1983, p. 86.

[5] Os arquivos implacáveis. *A Manhã*, Rio de Janeiro, 21 jul. 1946. Caderno Letras e Artes, p. 9.

[6] V., neste volume, "Apêndice", p. 157.

mais tarde, genericamente, de "literatura intimista". Só para lembrar, 1956 marca o lançamento de *O encontro marcado*, de Fernando Sabino; *Doramundo*, de Geraldo Ferraz; *A lua vem da Ásia*, de Campos de Carvalho; e *Contos do imigrante*, de Samuel Rawet. Mas, creio, essa constatação não antecipa o ponto a que quero chegar.

Quando afirmo que Guimarães Rosa não é um autor "realista", e que, por isso – por ter criado um mundo mítico e uma linguagem própria para descrevê-lo – não deixou descendentes, estou tomando de empréstimo a conceituação de Ian Watt de que a introdução do "realismo formal" seria a característica essencial que marca a diferença entre a obra dos romancistas do início do século XVIII e a ficção anterior. Por "realismo formal", o ensaísta entende um "conjunto de procedimentos narrativos que se encontram tão comumente no romance e tão raramente em outros gêneros literários que podem ser considerados típicos dessa forma".[7] Grosso modo, assim poderíamos resumir esse "conjunto de procedimentos narrativos": individuação dos personagens, dimensões espacial e temporal e linguagem específicas.

Poucas entrevistas deu Guimarães Rosa ao longo de sua vida e, acredito, mais por horror à controvérsia que pelo gosto da conversa. Instado a fazer declarações públicas, recolhia-se no silêncio ou na dissimulação, caráter atribuído à "mineiridade", que o autor cultivava como a uma flor. Mas, à reserva pública, opunha-lhe a excitação da correspondência com alguns poucos privilegiados – seus tradutores italiano e alemão, principalmente, Edoardo Bizzarri e Curt Meyer-Clason. Não uma excitação amazônica, que feriria seus princípios, mas, digamos, franciscana. Portanto, a ir à obra para explicitar alguns pontos dessa exposição, preferi recorrer às cartas e às raras entrevistas,

---

7 Watt, Ian. *A ascensão do romance*. Tradução de Hildegard Feist. São Paulo: Companhia das Letras, 1990, p. 31.

que expõem a intenção do artista, possibilitando a abertura de caminhos para o entendimento de seu processo de escrita.

Watt afirma que o romance se diferencia dos outros gêneros e de formas anteriores de ficção "pelo grau de atenção que dispensa à individualização das personagens e à detalhada apresentação de seu ambiente".[8] Assim, o enredo "envolveria pessoas específicas em circunstâncias específicas, e não, como fora usual no passado, tipos humanos genéricos atuando num cenário basicamente determinado pela convenção literária adequada".[9]

E a maneira pela qual o romancista indica sua intenção de apresentar uma personagem como um indivíduo particular é nomeando-a da mesma forma que os indivíduos particulares são nomeados na vida real. "Os nomes próprios têm exatamente a mesma função na vida social: são a expressão verbal da identidade particular de cada indivíduo".[10]

Vejamos, agora, o processo de nomeação dos personagens, assunto pelo qual Guimarães Rosa dedicava uma particular atenção. Em carta a Edoardo Bizzarri, o escritor esclarece:

> quanto a "O recado do morro", gostaria de apontar a Você um certo aspecto planetário ou de correspondências astrológicas, que valeria a pena ser acentuadamente preservado, talvez. Ocorre nos nomes próprios assinalamento onomástico-toponímico:
>
> As fazendas, visitadas na excursão: Os companheiros de Pedro Orósio:
> 1 – Jove (JÚPITER) o Jovelino
> 2 – dona Vininha (VÊNUS) o Veneriano

---

[8] *Ibidem*, p. 19.

[9] *Ibidem*, p. 17.

[10] *Ibidem*, p. 19.

3 – Nhô Hermes (MERCÚRIO) o Zé Azougue
4 – Nhá Selena (LUA) o João Lualino
5 – Marciano (MARTE) o Martinho
6 – Apolinário (SOL) o Hélio Dias (Nemes).[11]

Ou seja, nesse caso, os nomes próprios, de lugares e de personagens, estão cada um deles relacionados a um astro, conferindo-lhes uma tipificação específica. O processo também se percebe em *Grande sertão: veredas*: Riobaldo assim se chama até tornar-se jagunço, quando então passa a ser Tatarana ou Lagarta-de-Fogo, ou ainda Urutu-Branco, quando assume a chefia do bando. E Diadorim, Reinaldo para o resto do bando, tem como nome de batismo, no final revelado, Maria Deodorina da Fé Bettancourt Marins. Não nomes e apelidos, mas nomeações funcionais, modelares.

Passemos para o segundo aspecto que constitui o "realismo formal", segundo Watt, a dimensão espacial. "As personagens do romance", afirma, "só podem ser individualizadas se estão situadas num contexto com tempo e local particularizados."[12] Ora, aparentemente esta é a grande certeza que nos concede Guimarães Rosa: a de que estamos pisando território conhecido e sobejamente explorado, os sertões de Minas Gerais, com pequenas incursões à Bahia e Goiás. Alan Viggiano, em seu *Itinerário de Riobaldo Tatarana*,[13] esmiúça as andanças do bando com uma impressionante precisão cartográfica. Mas será mesmo que esse espaço, verossímil, é real?

---

[11] Rosa, J. Guimarães. *Correspondência com o tradutor italiano*. São Paulo: Instituto Cultural Ítalo-Brasileiro, 1972, p. 64.

[12] Watt, *op. cit.*, p. 22.

[13] Viggiano, Alan. *Itinerário de Riobaldo Tatarana: Geografia e toponímia em* Grande sertão: veredas. 2. ed. Rio de Janeiro; Brasília: José Olympio; INL-MEC, 1978.

É com uma curiosidade de naturalista europeu do século XVIII que Guimarães Rosa registra nomes de plantas e acidentes geográficos, anota cantigas populares, vocábulos e costumes sertanejos, descrevendo minuciosamente o espaço onde se dão os embates de suas histórias. Mas se faz isso é apenas para tornar reconhecível sua saga – porque o sertão que ele cria "está em toda parte". Em sua correspondência com Edoardo Bizzarri, Guimarães Rosa, em vários momentos, assume que se inventou botânico, linguista, etnógrafo, antropólogo ou geógrafo. Num passo, por exemplo, discordando de seu tradutor, que insistia em colocar um adendo explicativo a um coco que seria usado como epígrafe de "Dão-Lalalão" na edição italiana, o escritor argumenta que isso quebraria o

> encantamento mágico, a que visamos, e traz o acento para o aspecto "documentário" do livro – que é apenas subsidiaríssimo, acessório, mais um "mal necessário", mas jamais devendo predominar sobre o poético, o mágico, o humor e a transcendência metafísica.[14]

Em carta a Curt Meyer-Clason, explicita, de outra maneira: "quanto aos nomes próprios de lugares, penso que deveria traduzir muitos deles, principalmente os inventados",[15] o que clareia seu processo de apor ao mapa real o seu mapa imaginário. Regina Zilberman afirma que o autor, "ao concluir a sua definição de espaço, este deixa de determinar uma parte dentro de um todo, mas confunde-se com a totalidade".[16] Ou ainda nas palavras do próprio Guimarães Rosa: "este

---

[14] *Op. cit.*, p. 94.

[15] *Op. cit.*, p. 165.

[16] Zilberman, Regina. *Do mito ao romance: tipologia da ficção brasileira contemporânea*. Caxias do Sul: UCS/Escola Superior de Teologia de São Lourenço de Brindes, 1977, p. 96.

pequeno mundo do sertão, este mundo original e cheio de contrastes, é para mim o símbolo, diria mesmo o modelo de meu universo".[17]

Passemos à questão da dimensão temporal. Entende Watt que o romance constitui um relato completo e autêntico da experiência humana e, portanto, tem a obrigação de fornecer ao leitor detalhes da história como a individualidade dos agentes envolvidos, os particulares das épocas e locais de suas ações – detalhes que são apresentados através do emprego da linguagem muito mais referencial do que é comum em outras formas literárias.[18]

Ora, aqui a questão aparece mais simples. A dimensão temporal, na maior parte da obra de Guimarães Rosa, não é explicitada. Pode ser referenciada, ou subentendida – um momento impreciso entre finais do século XIX e início do século XX –, mas tudo vago e indeterminado. Um tempo sem tempo num espaço mítico onde vagam personagens-tipo em busca da ordenação de um mundo primitivo e violento, em que crenças e fantasias são tão concretas quanto bois e cavalos. Ou, nas melhores palavras de Regina Zilberman:

> quanto ao absolutismo do tempo primordial, destaca-se a identificação entre o momento histórico vivido e um primitivismo essencial, que ultrapassa o atraso cultural historicamente determinado em que vivem os sertanejos mesmo na atualidade. Esta primitividade é a do início do mundo.[19]

Acredito que talvez possamos nos encaminhar agora para uma constatação provisória de que Guimarães Rosa estabelece

---

[17] Lorenz, *op. cit.*, p. 66.

[18] Watt, *op. cit.*, p. 31.

[19] Zilberman, *op. cit.*, p. 97.

em sua obra uma relação diferenciada do "realismo formal", em que, mais importante que o tempo e o espaço "reais", onde cavalgam indivíduos, interessa-lhe o tempo e o espaço míticos, onde se desenrola a ação. Afirma o escritor, em carta a Bizzarri:

> sou profundamente, essencialmente religioso, ainda que fora do rótulo estrito e das fileiras de qualquer confissão ou seita; antes, talvez, como o Riobaldo do "G.S.:V.", pertença eu a todas. E especulativo, demais. Daí, todas as minhas constantes preocupações religiosas, metafísicas, embeberem os meus livros. Talvez meio-existencialista-cristão (alguns me classificam assim), meio neoplatônico (outros me carimbam disto), e sempre impregnado de hinduísmo (conforme terceiros). Os livros são como eu sou.[20]

Para descrever esse mundo original, a linguagem realista não basta. Guimarães Rosa afirma então que, como sobre o sertão (aqui entendido como lugar onde "a magia é inseparável de todos os aspectos da vida"[21]) não podia fazer "literatura" do tipo corrente, teve de buscar um "idioma próprio" – a língua considerada como "elemento metafísico" –, utilizando cada palavra "como se ela tivesse acabado de nascer, para limpá-la das impurezas da linguagem cotidiana e reduzi-la a seu sentido original".[22]

Referindo-se a *Sagarana*, mas que pode ser estendido para toda a sua obra, Guimarães Rosa explica à sua tradutora norte-americana Harriet de Onis, em carta datada de 11 de fevereiro de 1964: "as expressões, mesmo as aparentemente

---

20 Rosa, *op. cit.*, p. 67.

21 *Ibidem*, p. 60.

22 Lorenz, *op. cit.*, p. 81.

triviais, são próprias, soluções de criação pessoal, do autor. Nada de frases já gastas, já adormecidas e embotadas pelo excesso de uso".[23]

Seu diálogo se dá, portanto, não com as formas literárias correntes a partir do século XVIII,[24] mas com as formas anteriores, calcadas na épica:

> Eu mesmo fiquei espantado de ver, a posteriori, como as novelas, umas mais, outras menos, desenvolvem temas que poderiam filiar-se, de algum modo, aos "Diálogos", remotamente, ou às "Enéadas", ou ter nos velhos textos hindus qualquer raizinha de partida. Daí, as epígrafes de Plotino e Ruysbroeck.[25]

Evidentemente, sendo Guimarães Rosa um homem do século XX, seria anacrônico o rotularmos de "autor épico", até porque, agindo assim, estaríamos talvez reduzindo sua originalidade, que está justamente na capacidade de estabelecer uma ponte entre a tradição mais arquetípica da literatura e o mundo hodierno – a transcendência que garante a perenidade de sua obra. Contemporâneo e clássico, dono de uma linguagem própria e inimitável, assenhorou-se de um mundo – o sertão roseano – que, por fechado em si mesmo,

---

23 Monteleone, Joana. Lição de idiomas, nas margens de uma correspondência. *Jornal da Tarde*, São Paulo, 18 maio 1996. Reportagem.

24 Guimarães Rosa, aliás, rechaça qualquer relação com James Joyce, de quem afirma ter lido apenas parte de *Dublinenses* e "pedaços de páginas" de *Ulysses*: "Acho nele um ludismo feroz, uma atitude que não é simpática, excessiva intencionalidade formal, muitíssimo de *voulu*, que me repele" (Carta datada de 3 de novembro de 1964, destinada à ensaísta norte-americana Mary L. Daniel, reproduzida em Martins, Wilson. *História da Inteligência Brasileira*. v. VII (1933-1960). 2. ed. São Paulo: T.A. Queiroz, 1996, p. 374).

25 Rosa, *op. cit.*, p. 67.

torna impossível influências posteriores, ou seja, permite-me conceituá-lo como autor esterilizante.

Depreendo daqui uma última ilação. Nunca compreendi o enquadramento de Guimarães Rosa no escaninho de "autor regionalista" – aliás, sempre me incomodou o próprio termo "regionalismo". Não podemos entendê-lo "regionalista" se tomarmos o espaço da ação como parâmetro – o seu sertão é uma fabulação abstrata e, segundo ele mesmo, acessória. Também assim caso tomemos a linguagem como parâmetro, porque mais uma vez poderíamos incorrer no erro de acreditar que a sua é a linguagem "mineira" – quando ele apenas decalca uma oralidade característica, subvertendo-a em seu ritmo, sintaxe e semântica.[26] E, se nos guiarmos pela temática, sua obra, que anseia a "posse da totalidade, do absoluto, da simultaneidade e plenitude eternas",[27] cairia submetida a enredos de aventuras banais.

Aliás, essa é uma questão que sempre lhe provocou mal-estar. Ao responder a Günter Lorenz se se incluía no grupo de literatos brasileiros denominados "regionalistas", o autor enuncia, mineiramente, "sim e não", esquivando-se de retorquir.[28] A mesma indagação lhe fez Ascendino Leite, se ele aceitava a classificação de "regionalista" para *Sagarana*, e ele novamente desvia do assunto: "Aceito tudo. Fico neutro,

---

[26] "Mário de Andrade [...] partiu de um desejo de 'abrasileirar' a todo custo a língua, de acordo com postulados que sempre achei mutiladores, plebeizantes e empobrecedores da língua, além de querer enfeiá-la, denotando irremediável mau gosto. Faltava-lhe, a meu ver, finura, sensibilidade estética. Apoiava-se na sintaxe popular – filha da ignorância, da indigência verbal, e que leva a frouxos alongamentos, a uma moleza sem contenção. (Ao contrário, procuro a condensação, a força, as cordas tensas.)" (*apud* Martins, *op. cit.*, p. 374.

[27] Rosa, *op. cit.*, p. 29.

[28] Lorenz, *op. cit.*, p. 66.

nesta matéria".[29] Parece que a resposta está em outro lugar: "Quem interpreta como um nacionalismo mesquinho o fato de eu partilhar a maneira de pensar e de viver do sertão, é um tolo...",[30] já que para ele "o escritor deve se sentir à vontade no incompreensível, deve se ocupar do infinito".[31]

Eu, confesso, sinto-me mais à vontade em entender Guimarães Rosa dentro de uma própria conceituação, que é uma verdadeira declaração de como gostaria de ser compreendido pela posteridade:

> Por isto mesmo, como apreço de essência e acentuação, assim gostaria de considerá-los: a) cenário e realidade sertaneja: 1 ponto; b) enredo: 2 pontos; c) poesia: 3 pontos; d) valor metafísico-religioso: 4 pontos. Naturalmente, isto é subjetivo, traduz só a apreciação do autor, e do que o autor gostaria, hoje, que o livro fosse.[32]

Mas, como ele próprio afirma, em arte não vale a intenção.

■ Uma versão deste texto foi publicada anteriormente em:

Novaes, Thiago. (Org.) *Tertúlia: o autor como leitor*. São Paulo: Edições SESC, 2013. p. 367-375.

---

[29] Lima, Sônia Maria Van Dijck (Org.). *Ascendino Leite entrevista Guimarães Rosa*. 2. ed. João Pessoa: Editora Universitária, 2000, p. 61.

[30] Lorenz, *op. cit.*, p. 86.

[31] *Ibidem*, p. 89.

[32] Rosa, *op. cit.*, p. 68.

APÊNDICE

A recepção de *Grande sertão: veredas*

Hoje parece não haver dúvida de que *Grande sertão: veredas* é um marco na história da literatura brasileira, e seu autor, Guimarães Rosa, um dos maiores escritores da língua portuguesa. Mas não foi sempre assim. Se, à época do lançamento, 1956, houve gente, como Tristão de Athayde, Cavalcanti Proença e Sérgio Milliet, que reconheceu imediatamente a genialidade do autor, nem de longe a obra contou com uma unânime recepção favorável.

No ano mesmo de seu lançamento, Wilson Martins publicou, em duas partes, nos dias 23 e 30 de agosto de 1956, um extenso estudo no jornal *O Estado de S. Paulo*, intitulado ironicamente "Um novo Valdomiro Silveira", em que afirmava:

> O que acontece é que, sob as aparências da interpretação mais direta, o sr. Guimarães Rosa na verdade nos oferece uma transcrição eminentemente literária da realidade. Com isso, os seus heróis perdem densidade e ganham convencionalismo: como os "gaúchos" de Simões Lopes Neto ou os "caboclos" de Valdomiro Silveira, os "vaqueiros" e "jagunços" do sr. Guimarães Rosa não escapam de certa construção estereotipada, mais ou menos mecânica e sem surpresas, que fazem desse livro, que deveria ser um "documento humano", apenas uma obra-prima de literatura.[1]

---

[1] Martins, Wilson. *Pontos de vista: crítica literária*. São Paulo: T. A. Queiroz, 1991. v. 2. p. 171-182.

Mesmo após *Grande sertão: veredas* ter ganhado três importantes prêmios – Machado de Assis, Carmen Dolores Barbosa e Paula Brito –, a revista *Leitura*, um dos mais importantes órgãos de divulgação de literatura entre as décadas de 1940 e 1960, recebia uma tal quantidade de cartas de leitores reclamando do livro de Guimarães Rosa que resolveu promover uma enquete sobre o romance, resultando na matéria intitulada "Escritores que não conseguem ler *Grande Sertão: Veredas*".[2] Eis algumas das opiniões:

> *Grande sertão: veredas* é uma imitação de *Ulisses*, de Joyce, e sofre, consequentemente, dos males de toda imitação (Barbosa Lima Sobrinho).

> Gosto muito do Guimarães Rosa, mas quando ele não cai nos excessos do virtuosismo, numa espécie de esnobismo literário. [...] Acho que o Guimarães Rosa devia pôr de lado esse injustificado pudor de ser simples, que está dominando sua obra, e que amanhã poderá esterilizar por completo o seu poder criador (Joel Silveira).

> Se a intenção de Guimarães Rosa, em *Grande sertão: veredas*, foi pretender criar uma linguagem nova, ao seu gosto e preferências pessoais, terá certamente atingido esse objetivo. Essa é a linguagem do criador de *Sagarana*, quer dizer, toda sua, jamais uma reprodução do linguajar regional, dos grupos sociais em que situou os episódios da sua última obra (Ascendino Leite).

> Li 70 páginas de *Grande sertão: veredas*. Não pude ir adiante. À essa altura o livro começou a parecer-me uma história de cangaço contada para os linguistas.

---

[2] Escritores que não conseguem ler *Grande Sertão: Veredas*. *Leitura*, Rio de Janeiro, n. 16, out. 1958, p. 50-A-58-A.

> Parei, mas também sempre fui péssimo leitor de ficção (Ferreira Gullar).

> Diante de seus famosos *Corpo de baile* e *Grande sertão: veredas* sinto-me um analfabeto. Várias vezes tenho-me preparado para gozar as delícias desse novo mundo, mas me engancho miseravelmente oito ou dez páginas adiante. Quer me parecer – sem que isso implique em desconsideração à sua obra – que o número dos eleitos é bem pequeno (Permínio Asfora).

> A obra de Guimarães Rosa, apesar do interesse que possa oferecer, constitui um equívoco literário, que necessita ser imediatamente desfeito (Adonias Filho).

> Guimarães Rosa é escritor para escritores de seu tempo, que se deleitam com o virtuosismo verbal dele, mas separa-se do leitor comum de hoje e talvez aliene de todo o leitor do futuro, que não terá pontos de referência para compreender suas frases e vocábulos (Ivan Pedro de Martins).

Além desses, a revista consultou ainda outros intelectuais, que disseram apenas que não conseguiram passar das primeiras páginas, entre eles, Agrippino Grieco, Raymundo Souza Dantas e Marques Rebelo.[3]

---

[3] Curioso que Marques Rebelo rechaçasse *Grande sertão: veredas* em 1958, quando, exatos 20 anos antes, manteve uma grande discussão com Graciliano Ramos, durante votação do Prêmio Humberto de Campos, patrocinado pela Livraria e Editora José Olympio, defendendo, sem que soubesse, um livro de Guimarães Rosa. Rebelo "gritou, espumou" defendendo o primeiro lugar para um original intitulado *Contos*, assinado por Viator, contra Graciliano, que, apesar de reconhecer méritos neste volume, optou por um outro, intitulado *Maria Perigosa*, de Luís Jardim, que acabou levando o prêmio. O livro perdedor seria publicado apenas em 1946, com o título de *Sagarana*,

E o que pensava Guimarães Rosa sobre as críticas acima?

> No começo da minha carreira vários deles [críticos] me atacaram sem absolutamente me compreenderem, pois me lançavam ao rosto que meu estilo era exaltado, que eu permanecia no irreal, e assim toda espécie de retórica. Não é possível dialogar com pessoas que manifestam por escrito a sua incompetência, pois lhe falta a condição básica para o diálogo: o respeito mútuo.[4]

■ Uma versão deste texto foi publicada anteriormente em: *Rascunho*, Curitiba, 18 jun. 2021.

---

e o nome do autor, Guimarães Rosa, devidamente aposto na capa (V. Ramos, Graciliano. Conversa de bastidores. In: *Linhas tortas*. 3. ed. Rio de Janeiro: Record; São Paulo: Martins, 1975. p. 246-249).

[4] Lorenz, Günter. Diálogo com Guimarães Rosa. In: Coutinho, Afrânio; Coutinho, Eduardo de Faria (Org.). *Guimarães Rosa*. Rio de Janeiro; Brasília: Civilização Brasileira; INL, 1983, p. 75.

Achegas para tentar compreender o silêncio que recaiu sobre Rosário Fusco

Considerado por Antonio Candido como um dos introdutores do surrealismo no Brasil,[1] o romancista Rosário Fusco merecia um melhor tratamento da crítica literária. Seu encerramento no limbo do anonimato muito deve, sem dúvida, à própria impetuosidade. O pior que pode acontecer com alguém é renunciar à subjetividade para assumir-se personagem. E Fusco tornou-se isto: uma caricatura de si mesmo. Quando se fala no romancista, logo nos vem a imagem do mulato alto, beberrão e sem papas na língua; que se casou sete vezes com a mesma mulher; que morou na França, enlouquecendo de paixão a atriz e dançarina Josephine Baker; que gostava de agredir seus interlocutores com raios de uma inteligência privilegiada; que desdenhava de seu câncer e orgulhava-se da falta de higiene pessoal; que falava mal de quase todo mundo e, sentindo-se incompreendido, afastou-se da vida literária para morrer vociferando em Cataguases, interior de Minas Gerais.[2] Nada mais certo, possivelmente, em relação ao personagem Rosário Fusco – a história não seria mais capaz de separar o imaginado do

---

1 Surrealismo no Brasil. In: *Brigada ligeira e outros escritos*. São Paulo: Editora da Unesp, 1992.

2 Werneck, Ronaldo; Branco, Joaquim. Rosário Fusco: "O escritor brasileiro é um supercamelô". *O Pasquim*, Rio de Janeiro, ano VII, n. 351, p. 10-15, 19 a 25 mar. 1976.

acontecido, porque, para um homem como ele, que misturava a arrogância do gênio à autocomiseração de órfão filho de lavadeira, não havia distinção entre imaginado e acontecido. Mas se nos ativermos em relação ao intelectual, com o que nos deparamos? – ou com quem?

Nascido em São Geraldo (MG), Rosário Fusco de Souza Guerra foi levado para Cataguases, distante cerca de 85 quilômetros, com apenas um mês de idade. O pai, o italiano Rosário Fusco, morreu ainda antes de seu nascimento, e a mãe, Auta de Souza Guerra, mudou-se para Cataguases, que despontava como polo industrial. Devido aos laços de compadrio e clientelismo que marcam as relações nas pequenas localidades, o menino conseguiu estudar nas melhores escolas e, graças aos talentos que o diferenciavam, cativou professores e colegas do Ginásio Municipal de Cataguases,[3] onde cursou o ensino secundário. Para tanto, exerceu diversas atividades paralelas, como pintor de tabuletas, servente de pedreiro, prático de farmácia, bancário, e bedel e professor de desenho no colégio em que estudou.

Inquieto, aos quinze anos publicava poemas sofríveis no *Mercúrio*, órgão da Associação dos Empregados do Comércio de Cataguases, dirigido pelo amigo Guilhermino César, e aos dezessete despontava como um dos líderes da revista *Verde*, um dos mais importantes veículos de propagação das ideias

[3] Fundada em 1910, a escola mudou de mãos algumas vezes, antes de filiar-se, em 1914, ao Colégio São José, de Ubá, de propriedade dos professores José Januário Carneiro e Antônio Amaro Martins da Costa. Em janeiro de 1917, este último muda-se em definitivo para Cataguases, assumindo diretamente a direção do ginásio, cuja fama rápido se espalha pela região. Assim, na primeira metade dos anos 1920, quase todos os futuros membros do grupo modernista Verde passarão pelas suas dependências: Martins Mendes, Ascânio Lopes, Christophoro Fonte-Bôa, Oswaldo Abritta, Guilhermino César, Francisco Inácio Peixoto e Camilo Soares.

modernistas na década de 1920.[4] Aliás, os componentes do grupo são unânimes em concordar que, sem Fusco, dificilmente teriam alcançado repercussão além das fronteiras estreitas da cidade[5] – no dizer de Mário de Andrade, ele foi "o dinamismo da *Verde*".[6] Decisiva sua ida para o Rio de Janeiro, em 1932, apadrinhado por José Américo de Almeida,[7] então ministro da Viação e Obras Públicas, após fracassada tentativa de fundar uma editora em Cataguases.[8] Na então capital da República, a par de seu trabalho na imprensa, como

---

4 V. Ruffato, Luiz. *A revista Verde, de Cataguases*. Belo Horizonte: Autêntica, 2022.

5 "Se não fosse o Fusco, não haveria a *Verde*. Nós éramos todos vagabundos, mas fantasiados de estudantes. E ele nem isso era. Era vagabundo mesmo. Ele escrevia pra todo mundo, descobria endereços", lembra Francisco Inácio Peixoto (Peixoto, Francisco Inácio Vivo em Cataguases, Fora de Cataguases. *Totem*, Cataguases, 5 abr. 1979. [s.p.]).

6 Andrade, Mário de. Persistência da Asa. *Diário de Notícias*, Rio de Janeiro, 24 mar. 1940, p. 8 (primeira seção).

7 Autor de *A bagaceira* (1928), considerado livro fundador do chamado Regionalismo de 30, desempenhou importante papel no governo Vargas, tendo exercido o cargo de ministro da Viação e Obras Públicas entre 1930 e 1935, quando nomeado para o Tribunal da União, onde permaneceria até 1947. Foi ainda senador, governador da Paraíba e novamente ministro da mesma pasta entre 1953 e 1954. Almeida chegou a ser pré-candidato à Presidência da República para as eleições de 1938, que, no entanto, não ocorreram, devido ao autogolpe de Vargas, em 1937.

8 A editora Spínola & Fusco, sociedade com José Spínola Santos, publicou três títulos: *Revolução contra a imprensa*, de Dionísio Silveira, e *Pela reforma social* e *Contra-revolução espiritual*, de Tristão de Athayde. O quarto título seria um livro de Mário de Andrade, *Malazartes*, que não chegou a sair, devido à deflagração da Revolução Constitucionalista, em 9 de julho de 1932. O volume, reunião de textos publicados sob a epígrafe de Chronicas de Malazarte na revista *América Brasileira: Resenha da vida nacional*, entre outubro de 1923 e

redator-chefe da revista *A Cigarra*, crítico literário do *Diário de Notícias* e de *Dom Casmurro*, formou-se em Direito na Universidade do Brasil, o que lhe valeu, em 1961, a nomeação para procurador do Estado da Guanabara, cargo no qual se aposentou dez anos depois.

A década de 1940 foi pródiga para Fusco. Entre 1940 e 1949, lançou três peças de teatro (*Auto da noiva*, de 1947, O *viúvo*, de 1948, e *Anel de Saturno*, de 1949), três livros de ensaio e crítica literária (*Amiel*,[9] *Vida literária*[10] e *Política e letras*[11]) e dois romances (*O agressor*[12] e *O livro de João*[13]). Antes, participara de um livro coletivo (*Poemas cronológicos*[14]) e publicara um livro de poemas (*Fruta do conde*[15]). Nas duas décadas e meia seguintes, lançou somente outros dois romances (*Carta à noiva*[16] e *Dia do juízo*[17]) e um ensaio (*Introdução à experiência estética*[18]). Curioso é que o escritor, que pontificava na década de 1940 nas páginas dos principais jornais e revistas, viu seu prestígio se esfarelar junto com a derrocada do governo Vargas. Portanto, a análise do silêncio que recaiu sobre a obra

---

maio de 1924, acabou lançado em 1934 pela Editora Piratininga, de São Paulo, com o título *Os contos de Belazarte* (V. Ruffato, *op. cit.*).

9 Fusco, Rosário. *Amiel*. Rio de Janeiro: Edições SEP, 1940.

10 Fusco, Rosário. *Vida literária*. Rio de Janeiro: Edições SEP, 1940.

11 Fusco, Rosário. *Política e Letras*. Rio de Janeiro: José Olympio, 1940.

12 Fusco, Rosário. *O agressor*. Rio de Janeiro: José Olympio, 1943.

13 Fusco, Rosário. *O livro de João*. Rio de Janeiro: Epasa, 1944.

14 Resende, Enrique de; Fusco, Rosario; Lopes, Ascanio. Poemas cronológicos. Cataguases: Verde, 1928.

15 Fusco, Rosário. *Fruta do conde*. Cataguases: Verde, 1929.

16 Fusco, Rosário. *Carta à noiva*. Rio: Organização Simões, 1954.

17 Fusco, Rosário. *Dia do juízo*. Rio de Janeiro: José Olympio, 1961.

18 Fusco, Rosário. *Introdução à experiência estética*. Rio de Janeiro: Ministério da Educação e Saúde/Serviço de Documentação, 1952.

de Fusco talvez deva ser feita sob dois aspectos distintos mas complementares: a de seu pioneirismo literário, de um lado; a de seu engajamento político-ideológico, de outro.

Em 1930, Getúlio Vargas liderou um golpe civil-militar contestando o resultado das eleições realizadas em 1º de março, que davam vitória ao paulista Júlio Prestes – e no dia 3 de novembro assumia a presidência de um governo provisório que se tornou perene, com a sua eleição indireta em 1934. Em 1937, antecipando-se a novo pleito marcado para o ano seguinte, fechou o Congresso, extinguiu os partidos políticos e instaurou o chamado Estado Novo. Em 1938, Vargas criou o Departamento Nacional de Propaganda (DNP), que, pelo Decreto-Lei 1.949, de 30 de dezembro de 1939, passou à denominação de Departamento de Imprensa e Propaganda (DIP), ligado à Presidência da República. O DIP, claramente inspirado em órgãos similares de ditaduras fascistas europeias (Alemanha, Itália, Portugal e Espanha), tinha como objetivo coordenar, orientar e centralizar a propaganda interna e externa, fazer censura ao teatro e cinema e exercer funções esportivas e recreativas, como organizar manifestações cívicas, festas patrióticas, exposições, concertos, conferências, além de dirigir o programa de radiodifusão oficial do governo.

Dentre os vários veículos de comunicação ligados ao DIP, a revista *Cultura Política* merece destaque. Circulando entre março de 1941 e outubro de 1945 – ou seja, até a renúncia de Vargas –, tratava-se de uma "revista mensal de estudos brasileiros" destinada a definir e esclarecer as transformações socioeconômicas por que passava o país, por meio de relatos das ações governamentais:

> O que somos, o que pensamos, o que realizamos em todos os setores da nossa atividade criadora – na política, na economia, na técnica, nas artes, nas letras, nas ciências – ficará estampado nestas páginas, através do depoimento

> de todas as gerações que hoje vivem, em todas as cidades e rincões do Brasil.[19]

Nela, Fusco trabalhou como braço direito de Almir de Andrade, diretor da revista e um dos principais ideólogos do regime, a quem, aliás, dedica seu livro mais conhecido, *O agressor*.

Pode-se argumentar, contra Fusco, a íntima relação com o governo autoritário de Vargas – e o argumento procede. No entanto, é importante observar que outros intelectuais contemporâneos frequentaram, alguns assiduamente, as páginas de *Cultura Política*,[20] sem que, no entanto, sofressem, mais tarde, condenação por isso.[21] Pelos 50 números da revista desfilaram nomes como Pedro Dantas (pseudônimo de Prudente de Moraes, Neto), Lúcio Cardoso, Brito Broca, Wilson Martins, Luís da Câmara Cascudo, Hélio Viana, Nelson Werneck Sodré, Gilberto Freyre, entre muitos, e, particularmente, Marques Rebelo e Graciliano Ramos, ambos responsáveis por uma seção fixa, intitulada "Quadros e costumes", o primeiro escrevendo sobre o Centro e o Sul, o segundo sobre o Nordeste. A colaboração de Marques Rebelo estendeu-se do

---

[19] A de A (Almir de Andrade). A evolução política e social no Brasil. *Cultura Política*, Rio de Janeiro, ano 1, n. 1, março, 1941. p. 8.

[20] Uma das formas de aliciar intelectuais para colaborar na *Cultura Política* era a remuneração bem acima da média do mercado. Joel Silveira, em depoimento a Gilberto Negreiros, afirma que "[Lourival] Fontes criou a revista e dava, para cada colaboração, cinco mil cruzeiros, dinheiro da época. E o suplemento literário do *Diário de Notícias* [por exemplo] pagava duzentos cruzeiros" (Jornalistas contam histórias. O Estado Novo e o Getulismo. *Folha de S. Paulo*. Almanaque da Folha, São Paulo, 9 jan. 1979).

[21] V. Bomeny, Helena (Org.). *Constelação Capanema: intelectuais e políticas*. Rio de Janeiro: Fundação Getúlio Vargas; Bragança Paulista (SP): Ed. da Universidade de São Francisco, 2001.

número 1 ao número 19 (setembro de 1942) e, depois, com breves interrupções, até o número 37 (fevereiro de 1944).[22] Assim também, Graciliano,[23] que escreveu crônicas desde a fundação da revista até o número 22 (dezembro de 1942), depois com interrupções até o número 27 (maio de 1943), regressando nos números 42 e 43 (julho e agosto de 1944).[24]

É certo, porém, que poucos como Fusco aderiram com tamanho empenho ao governo Vargas, como pode ser conferido em seu ensaio *Política e letras*, de 1940, que, como bem salienta Lucia Lippi Oliveira, tenta estabelecer "uma relação entre movimento modernista de 1922 e a revolução de 1930".[25] Não por acaso, esse livro aparece em 1942 na Bibliografia do Estado,[26] espécie de *vade-mécum* da ideologia varguista. Entre 1941 e 1943, Fusco ocupa enorme espaço na *Cultura Política*. No número 1, inicia a série "História Literária do Brasil", projeto abortado subitamente no número 23, de janeiro de 1943, quando alcançava a produção literária do

---

22 Essas crônicas foram reunidas posteriormente em Rebelo, Marques. *Cenas da vida brasileira*. Rio de Janeiro: José Olympio, 1951.

23 Graciliano havia sido preso, em 1936, sem provas e sem processo, suspeito de envolvimento com a chamada Intentona Comunista, levante contra Getúlio Vargas, ocorrido um ano antes (episódio retratado em Ramos, Graciliano. *Memórias do cárcere*. Rio de Janeiro, José Olympio, 1953). Graciliano iria colaborar também com a *Atlântico: Revista luso-brasileira*, órgão do DIP em conjunto com o Secretariado de Propaganda Nacional da ditadura fascista de António Oliveira Salazar. Seus textos apareceram em três dos seis números da primeira série (2, 4 e 5, de outubro e novembro de 1943 e julho de 1944, respectivamente).

24 Essas crônicas foram recolhidas postumamente no volume Ramos, Graciliano. *Viventes das Alagoas*. São Paulo: Martins, 1962.

25 Oliveira, Lucia Lippi. O intelectual do DIP: Lourival Fontes e o Estado Novo. In: Bomeny, *op. cit.*, p. 48.

26 *Cultura Política*. Rio de Janeiro, ano I, n. 11, jan. 1942, p. 114.

início do século XIX. O texto de apresentação – possivelmente do próprio Fusco – deixa clara a intenção do autor de "manter o nosso contacto com o passado literário do Brasil para que possamos apreciar o sentido da nossa evolução presente". E continua: "a nossa história literária é indissociável da nossa história política" e é "nas grandes transformações sociais e econômicas que iremos encontrar a causa profunda das mutações literárias. A literatura evolui em função da evolução social. É pela compreensão desta que compreenderemos aquela".[27]

Mas a contribuição de Fusco à revista não se limitou a questões literárias. Ele ocupou também a seção "O pensamento político do Chefe de Governo", espaço que propunha, segundo a exposição editorial, "definir e interpretar" o pensamento de Getúlio Vargas, "indubitavelmente, o mais ativo doutrinador do novo Estado brasileiro", que "em suas palavras, e ainda mais, em suas ações", reflete as "aspirações profundas do povo brasileiro, em seus ideais de paz e de concórdia, de tolerância e de equilíbrio, de força e de brandura, de respeito ao trabalho e amor à terra e ao homem brasileiros".[28] Já no número 2, num texto intitulado "A cultura e a vida", Fusco afirma:

> O Brasil procura, hoje, uma solução realista para todos os seus problemas, que são um reflexo dos problemas do universo em que vivemos, feito de angústias, decepções e descrenças. // A nossa nova política não procura mais do que aquilo que *socialmente* for mais útil para todos. É esse o papel da democracia: conciliar as verdades do momento que passa com as verdades humanas eternas e imutáveis. // [...] Política de humanização das nossas

[27] História Literária do Brasil. *Cultura Política*. Rio de Janeiro, ano I, n. 1, mar. 1941, p. 262.

[28] Fusco, Rosário. O pensamento político do Chefe de Governo. *Cultura Política*. Rio de Janeiro, ano I, n. 1, mar. 1941, p. 156.

> instituições, política de recomposição dos nossos valores, o pensamento do Presidente, no que se refere à cultura e à vida, é uma autêntica garantia da nossa segurança, no presente, e do cumprimento de nosso papel, no futuro.[29]

Fusco volta no número 8, resvalando, no texto "História e passado: À margem do discurso pronunciado pelo Chefe de Governo em Cuiabá", na mais pura adulação:

> Iniciando o seu discurso de Cuiabá, com aquela clareza que lhe é peculiar, o Presidente Vargas propunha, sem a menor pretensão ou sem o menor pedantismo, uma das mais sérias questões da psicologia moderna, agitando, talvez sem o querer, um dos mais palpitantes e mais sedutores temas metafísicos, como este em que se debate as relações *reais*, mas, nem por isso, "conhecidas", existentes e entre a *consciência* e a *vida*.[30]

No número 11, em "Papel social dos moços: À margem do discurso do Presidente Getúlio Vargas, dirigido aos Acadêmicos Paulistas", chega a afirmar:

> Falando aos moços de S. Paulo, o Presidente Getúlio Vargas o fez não só com a seriedade com que já nos acostumamos a ouvi-lo, mas, sobretudo, com uma *juventude* invulgar, mais como um companheiro do que como um chefe de estado. [...] // Definindo a obra revolucionária como poucas vezes foi feito, o Presidente Getúlio Vargas ratificou à mocidade do Brasil, de viva voz, a honestidade

---

[29] Fusco, Rosário. A cultura e a vida. *Cultura Política*. Rio de Janeiro, ano 1, n. 2, abr. 1941, p. 177.

[30] Fusco, Rosário. História e Passado: A margem do discurso pronunciado pelo Chefe do Governo em Cuiabá. *Cultura Política*, Rio de Janeiro, ano 1, n. 8, out. 1941, p. 88-89.

> de seus propósitos e a extraordinária compreensão que tem dos problemas sociais [...].[31]

No número 15, no texto "Realismo e bom senso: À margem do pensamento do Presidente", Fusco reivindica "a proclamação da acuidade intelectual do chefe de governo, na sua intuição dos nossos e dos destinos do mundo":[32]

> Não pode haver coerência onde há mentira, intuitos inconfessáveis, má fé. O aspecto mais curioso do realismo político do atual governo é, justamente, essa fidelidade às tradições brasileiras, ao seu espírito de tolerância, de brandura e de simpatia humana.[33]

Resenhando a novo livro do presidente, *As diretrizes da nova política do Brasil*, Fusco escreve no número 25:

> [...] fechado o livro, a própria conclusão final do prefácio se impõe: "livro de combate, de pregação, de vida". E se o combate que ele evidencia começa, aqui, pela derrubada impiedosa do fetichismo de certas palavras que nos habituamos a rotular aquilo que se convencionou chamar de "realidade brasileira", a pregação se realiza em termos completamente novos, não só revolucionários pelo seu conteúdo, assim como a vida que aflora do *pensado* é a verdadeira denúncia de um feitio político incomum, cujos atos de prodigiosa intuição de nossos problemas, das nossas

---

31 Fusco, Rosário. Papel social dos moços: À margem do discurso do Presidente Getúlio Vargas, dirigido aos Acadêmicos Paulistas. *Cultura Política*, Rio de Janeiro, ano 1, n. 11, jan. 1942, p. 102-103.

32 Fusco, Rosário. Realismo e bom senso: À margem do pensamento do Presidente. *Cultura Política*, Rio de Janeiro, ano 2, n. 15, maio 1942, p. 101.

33 *Ibidem*, p. 103.

> deficiências, das nossas possibilidades e da nossa personalidade não conseguiram desmentir. Só essa coerência entre o mental e o material, que somos capazes de testemunhar, na vida social e política do país, de 1930 para cá, daria ao autor desses excertos uma posição de pensador difícil de ser igualada na história da inteligência nacional.[34]

Além disso, Fusco usou as páginas da *Cultura Política* para analisar o livro *Relatório*, de Jorge Dodsworth, secretário de Administração do Distrito Federal,[35] e o romance, "essencial e intencionalmente político", *O futuro nos pertence*, de Amílcar Dutra de Meneses.[36] Publicado pela Editora José Olympio, com ilustrações de Santa Rosa, o livro do capitão Dutra de Menezes, não por acaso à época diretor-geral do DIP, contou com mais quatro comentários na mesma revista: textos não assinados na seção "O movimento literário", provavelmente também escritos por Fusco (número 32, páginas 111 a 113, e número 34, páginas 312 a 314) e resenhas de Murilo V. Sampaio (número 35, páginas 241 e 242) e de Albano Raimundo (número 37, páginas 223 a 225).[37]

Essa bajulação ao governo Vargas beneficiou Fusco. Foi o primeiro diretor da Rádio Nacional, fundada em 8 de março de 1940.[38] Em fevereiro de 1941, foi nomeado para

---

[34] Fusco, Rosário. O novo livro do Presidente. *Cultura Política*, Rio de Janeiro, ano 3, n. 25, mar. 1943, p. 11.

[35] Fusco, Rosário. Prática do relatório. *Cultura Política*, Rio de Janeiro, ano 3, n. 35, dez. 1943, p. 267-268.

[36] Fusco, Rosário. O futuro nos pertence. *Cultura Política*, Rio de Janeiro, ano IV, n. 36, jan. 1944, p. 243-244.

[37] Segundo depoimento de sua filha, Ana Maria Dutra de Menezes de Carvalho, o capitão Dutra de Menezes estava sendo preparado por Getúlio Vargas para sucedê-lo na Presidência da República.

[38] Segundo seu próprio depoimento (v. Condé, José. Arquivos implacáveis). *A Manhã*, Rio de Janeiro, 23 out. 1949, p. 8 (Suplemento Letras e Artes).

a Comissão Especial de Desapropriações do Distrito Federal (então, Rio de Janeiro),[39] tornando-se funcionário público de carreira. Entre 15 e 22 setembro de 1941, participou como delegado à Comissão Panamericana de Cooperação Intermunicipal, órgão responsável pela "vigilância e assistência aos problemas municipais de todas as Américas", realizada em Santiago do Chile.[40] Teve ainda uma estranha nomeação para presidente da 2ª Junta de Conciliação do Trabalho, com sede em São Paulo, publicada em 24 de abril de 1941 e revogada exatamente um mês depois.[41] Finalmente, no início da década de 1950, ganhou o cargo de adido cultural da Embaixada do Brasil na França, quando teria feito um curso de Estética na Sorbonne.

Com a renúncia de Vargas em 1945 e sua triunfante volta em 1950, triunfo transformado em tragédia em 1954, Fusco, identificado com as hostes do Estado Novo, aos poucos caiu no ostracismo.[42] Em 1961, lançou seu último livro, o romance

---

39 V. *Diário de Notícias*. Rio de Janeiro, 6 fev. 1941, p. 5 (primeira seção).

40 V. *Diário de Notícias*. Rio de Janeiro, 3 jul. 1941, p. 4 (primeira seção).

41 V. *Diário de Notícias*. Rio de Janeiro, 24 abr. 1941, p. 5 (primeira seção). *Diário de Notícias*. Rio de Janeiro, 24 maio 1941, p. 4 (primeira seção).

42 Não que Rosário Fusco tenha desistido de escrever. Em seu espólio ainda constam vários inéditos, entre os quais um romance, *Vacachuvamor* (texto estabelecido por Cassiana Monteiro Boya, em sua dissertação de mestrado: *Estabelecimento do texto crítico do romance inédito de Rosário Fusco "Vacachuvamor"*. 2008. Dissertação [Mestrado em Letras] – Centro de Ensino Superior de Juiz de Fora, 2008); um diário de viagens, *Um jaburu na Torre Eiffel*; um livro de poemas, *Creme de pérolas*; e uma farsa, *Um caso de família*. O único inédito resgatado até agora foi o romance *a.s.a. (associação dos solitários anônimos)*.

Dia do juízo, e sete anos depois, após breve passagem por Nova Friburgo (RJ), enfurnou-se em Cataguases, onde veio a morrer, amargo e solitário, em 1977, aos 67 anos, vítima de câncer e complicações de um enfisema pulmonar. Ainda em 1961, Cláudio de Araújo Lima apontava para o "melancólico exemplo" de Fusco, "um dos maiores talentos já revelados na crítica literária brasileira", que:

> [...] tragado pela vaga corruptora do dipianismo estadonovista, assinou seu próprio atestado de óbito como crítico, ao publicar o ensaio *Política e letras*, em cujo texto se atreveu à tese de um encontro, sob a influência carismática de Vargas, entre o fato político da ditadura e o fato literário de uma hipotética renovação dos valores na cultura brasileira. Uma tentativa de suicídio intelectual [...] que o impregnou de tão graves sentimentos de culpa, que se viu ele compelido a "demitir-se" para sempre da crítica literária, onde se lançava com indiscutível sucesso.[43]

Seria, no entanto, injusto – e até mesmo ingênuo – justificar o silêncio que recaiu sobre a obra de Fusco apenas a seu envolvimento político com a ditadura Vargas[44] e a seu temperamento polêmico. Verdade é que, se o homem defendia teses reacionárias no plano ideológico, contraditoriamente – o que casava bem ao seu tipo – o escritor

---

43 Crítica da omissão da crítica. *Diário de Notícias*, Rio de Janeiro, 31 dez. 1961, p. 1 (Letras e Artes).

44 V. Faria, Daniel. Uma história em tempos dilacerados: a vida acidentada de Rosário Fusco. *Fênix - Revista de História e Estudos Culturais*. Brasília, v. 8, ano VIII, n. 2, maio-jun.-jul.-ago. 2011, p. 1-21. Machado, Anthony Heden. *Rosário Fusco e o estado novo*. Dissertação (Mestrado em Literatura) – Universidade Federal de Santa Catarina, Centro de Comunicação e Expressão. Programa de Pós-Graduação em Literatura, 2008.

sempre se manteve na vanguarda das correntes literárias, assumindo, portanto, os riscos inerentes a esse posicionamento. Fusco afirma que escreveu *O agressor* em 1939, embora apenas quatro anos depois tenha sido publicado e, por isso, argumenta, em tom de deboche, que seria ele o verdadeiro precursor do realismo fantástico na América Latina, e não Jorge Luís Borges.[45] Evidentemente, trata-se de uma blague, mas podemos partir dessa blague para refletir sobre o significado do aparecimento desse estranho romance em sua época.

Com Vargas, em 1930 subiu ao poder um novo modelo de ficção, que de certa maneira ignorava os avanços propagados pelos modernistas da década de 1920 – que, a pretexto de fazer uma literatura nacional, importavam modelos europeus, na opinião de seus críticos – e retomava ideias que fermentavam desde os fins do século XIX: o chamado "regionalismo". Filhos de Franklin Távora e Gilberto Freyre, os "regionalistas" imperaram até o começo da década de 1960 – com nomes como Rachel de Queirós, José Lins do Rego e Jorge Amado. Em seu *Política e letras*, Fusco argumenta que, após a Revolução de 1930, "sociólogos e romancistas passam a valorizar o *documento*, contrapondo-o à imaginação pura e simples",[46] exaltando o "neorrealismo de nossos dias" que "vem do Norte" (referindo-se ao Nordeste).[47] Ele afirma ainda que "nossas letras progrediram, neste decênio [anos 1930], porque houve

---

45 "Li recente entrevista de Cortázar que ele aprendeu a coisa de Jorge Luis Borges, que começou a coisa em 1942, mais ou menos. Ele, Cortázar [...] começou em 47. Ora, em 39 eu escrevi *O agressor*, que demorou 4 anos na J.O. [José Olympio], e saiu em 43" (Fusco, Rosário. Sem compromisso. *Suplemento Literário do Minas Gerais*, Belo Horizonte, v. 7, n. 326, 25 nov. 1972, p. 2).

46 *Op. cit.*, p. 78

47 *Ibidem*, p. 144.

uma permissão social para o seu progresso, feita em nome da política",[48] lembrando que:

> um grande condutor de homens é sempre aquele que, recolhendo as aspirações do tempo, auscultando as necessidades da época, sabe ou pode transformá-las num corpo de leis capazes de irem de encontro daquilo que já existe, indeciso embora, no subconsciente coletivo, para oferecer, ao seu povo, à sua terra e à sua gente, a "devolução" do seu próprio querer sob a forma do *poder estatal*.[49]

O público encontrava-se ávido por descobrir o "Brasil profundo" e, nessas circunstâncias, o surgimento de um romance urbano, de filiação surrealista, transformava-se numa quase heresia. Porque, se o romance urbano resistia, e até ampliava-se para além das fronteiras do Rio de Janeiro (onde Marques Rebelo herdara a rica linhagem de Machado de Assis e Lima Barreto), incluindo agora Porto Alegre (Erico Veríssimo e Dyonélio Machado), Belo Horizonte (João Alphonsus e Cyro dos Anjos), Maceió (Graciliano Ramos), Aracaju (Amando Fontes), entre outros, imperava nele a tradição realista psicológica. E, se havia espaço para a abordagem introspectiva, como nos romances rurais de um Cornélio Penna ou de um Lúcio Cardoso, a mencionada filiação de Fusco era por demais estranha.

Não é correto, no entanto, que Fusco tenha sido o primeiro escritor brasileiro a se aventurar pelos caminhos do surrealismo na prosa de ficção,[50] mesmo se confiarmos na

---

[48] *Ibidem*, p. 203.

[49] *Ibidem*, p. 44.

[50] Na poesia, o pioneirismo cabe a Jorge de Lima e Murilo Mendes (v. Teles, Gilberto Mendonça. O surrealismo na literatura brasileira. *Signótica*, Goiânia, n. 3, jan./dez. 1991, p. 37-69).

data presumida de sua elaboração, 1939 – antes, em 1934, o alagoano Jorge de Lima publicara *O anjo*. Assim como não se trata de caso isolado, já que, pouco depois de 1943, ano da edição de *O agressor*, Murilo Rubião lançaria a coletânea de contos *O ex-mágico*, em 1947, e Campos de Carvalho publicaria o romance *A lua vem da Ásia*, em 1956.

A questão é que as fontes onde bebeu Fusco não são as mesmas de Jorge de Lima – inusitada adaptação do surrealismo ao catolicismo –, nem as de Murilo Rubião – tributário da literatura fantástica, de longa tradição no Ocidente –, nem as de Campos de Carvalho – cultor do *nonsense*. Nesse sentido, a obra de Fusco é única, porque se filia radicalmente às experiências de André Breton e Guillaume Apollinaire, em que o "real" é mera construção do sujeito, não existe em si.[51] Ou, nas palavras do autor: "Assim como o sobrenatural é o reverso do natural, o suprarreal é o outro lado do real, o por-detrás. Eis por que tudo o que existe, sendo natural, é real. Mas nem todo o real é existente".[52]

Antonio Candido, embora reconheça que Fusco, com *O agressor*,[53] tenha sido um dos primeiros a utilizar técnicas do surrealismo no Brasil – embora o filie diretamente a Franz Kafka[54] –, tece severa crítica ao romance:

---

[51] In: Mamede, Anice. *Aspectos surrealistas em* O agressor, *de Rosário Fusco*. Cataguases: Fundação Francisca de Souza Peixoto, 2008.

[52] Fusco, Rosário. *a.s.a. (associação dos solitários anônimos)*. Cotia: Ateliê, 2003, p. 11.

[53] Fusco. Rosário. *O agressor*. Rio de Janeiro: José Olympio, 1943. O livro teve ainda outras duas edições:

Rio de Janeiro: Francisco Alves, 1976; Rio de Janeiro: Bluhm, 2000. E uma tradução: *L'agressore*. Traduzione e prefazione Giuseppe Cintioli. Milano: Arnoldo Mondadori Editore, 1969.

[54] V. Rosa, Victor da. *O Agressor* de Rosário Fusco: o mal ou a paranoia. *O Eixo e a Roda*, Belo Horizonte, v. 31, n. 1, p. 46-66, 2022.

> O romance do Sr. Rosário Fusco, que se recomenda pela habilidade com que é arquitetado e conduzido, interessa na medida em que se coloca como uma ilustração desta crise [da consciência burguesa], e como exemplo do que seja uma obra desligada do seu meio próximo, um jogo desinteressado da inteligência.[55]

E continua:

> No livro do sr. Rosário Fusco não encontro esse processo de assimilação, mas sim um mecanismo mais simples de adoção de valores literários, uma tentativa de transplantar a planta estrangeira para a terra pátria. Donde o caráter de exercício, de composição literária que o livro assume. Exercício feito com inteligência e com engenho, que nos prende pela sua qualidade superior, mas exercício, variação que não se apresenta integrada na nossa experiência brasileira: superfetação, numa palavra. Isso, me parece claro, porque a atitude intelectual do sr. Rosário Fusco, neste livro, é das tais que não levam à criação verdadeira, porque não representam uma problemática vital para a inteligência brasileira. No Brasil o surrealismo, além de ginástica mental, só pode ser compreendido como uma contribuição técnica, nunca como uma concepção geral do pensamento e da literatura, à maneira por que é cabível na Europa.[56]

Curiosamente, apesar da visibilidade que Fusco alcançara, ou talvez por isso mesmo, *O agressor* despertou mínima atenção da imprensa na época – e um dos poucos a tratar do romance, Guilherme de Figueiredo, define o livro como uma "aventura que merece o adjetivo de hermética":

---

[55] Teles, *op. cit.*, p. 107.

[56] *Idem*, p. 104-105.

> Sente-se que Rosário Fusco tentou uma aventura introspectiva muito eslava e muito à Kafka. [...] Neste sentido, o romance de Rosário Fusco tem a algidez de um depoimento forense. [...] Quis contar uma vida vista de dentro de uma criatura que age ilogicamente: em lugar disso, perdeu-se ele mesmo no emaranhado de coisas que seriam o seu tema, e nunca deveriam ser a sua maneira de tratar o tema.[57]

Ressentido, Fusco escreveu que *O agressor* "não agradou a vários de seus leitores em primeira mão. Agrada-me e é o que basta".[58] A defesa apaixonada do livro partiu da revista *Cultura Política*, que em artigo não assinado na seção "O movimento literário" anotou:

> se nos detivemos tanto nesse romance, é porque lhe atribuímos um valor pouco comum. Rosário Fusco fez obra de romancista inteligente, dando-nos, não uma visão direta da vida, mas uma alegoria da vida. Sua originalidade torna-se, entretanto, indiscutível.[59]

Quando do lançamento da 2ª edição de *O agressor*, 33 anos mais tarde, Lauro Machado Coelho chamou a atenção para o "caso" que o livro havia se tornado na literatura brasileira, "pelo seu caráter de experimentação formal, pela densidade de seu mergulho na complexidade de um comportamento humano – mas também pelo ostracismo a que se viu inexplicavelmente relegado".[60] Os outros romances de Fusco não tiveram o mes-

---

[57] Figueiredo, Guilherme. O misterioso agressor. *Diário de Notícias*, Rio de Janeiro, 5 dez. 1943, p. 1 (terceira seção).

[58] Fusco, Rosário. Porque escrevi "O agressor". *Leitura*, Rio de Janeiro, ano I, n. 10, set. 1943, p. 24.

[59] O movimento literário: noticiário especial de *Cultura Política*. *Cultura Política*, Rio de Janeiro, ano IV, n. 37, fev. 1944, p. 232.

[60] Coelho, Lauro Machado. E volta David, 34 anos, fantástico personagem brasileiro. É o Agressor. *Jornal da Tarde*, São Paulo, 19 nov. 1977.

mo destino de *O agressor* – ficaram estagnados na primeira edição. *O livro de João,*[61] que Fusco considerava sua melhor realização,[62] mereceu comentários elogiosos de Sérgio Milliet: "um grande passo à frente na realização do romance surrealista que já tentara em *O agressor*. [...] Volto a inúmeras páginas de seu livro, que é rico de humanidade, com um interesse cada vez maior".[63] Por sua vez, Wilson Martins afirmava que *O livro de João* testemunhava uma correção nos processos radicais que Fusco empregara no primeiro romance:

> Ainda aqui estamos em pleno clima de romance psicológico – mas psicologia que se entende racionalmente, isto é, como fenomenologia normal da constituição humana e não debaixo de aspectos mórbidos que não podem ser, na verdade, o seu sinal específico.[64]

A partir do final da década de 1950, a fortuna crítica de Fusco praticamente desaparece. *Carta à noiva,*[65] lançado em 1954, ganhou de Millôr Fernandes o epíteto de "obra-prima": "construído numa técnica perfeita, denso em detalhes, ao mesmo tempo simples e profundo, numa linguagem de rara beleza, e saturado da diabólica e aterrorizante experiência humana".[66]

---

[61] Fusco, Rosário. *O Livro de João*. Rio de Janeiro: Epasa, 1944.

[62] Condé, José. Arquivos implacáveis. *A Manhã*, Rio de Janeiro, 23 out 1949, p. 8 (Suplemento Letras e Artes).

[63] Milliet, Sérgio. Diário crítico. *Diário de Notícias*, Rio de Janeiro, 21 abr. 1946, p. 1 (Letras, Artes, Ideias Gerais).

[64] Martins, Wilson. *História da Inteligência Brasileira.* v. VI (1915-1933). São Paulo: Cultrix, 1978, p. 214-215.

[65] Fusco, Rosário. *Carta à noiva*. Rio de Janeiro: Organizações Simões, 1954.

[66] Fernandes, Millôr. Ser e não ser: Um livro. *A Cigarra*, Rio de Janeiro, maio 1955, p. 39.

Dia do Juízo,[67] de 1961, surpreendeu Massaud Moisés, que o classificou de "romance forte", "capaz de sobrenadar à torrente de narrativas que fluem facilmente, graças à seriedade incomum e o respeito pela arte e o destino do homem".[68] Laís Corrêa de Araújo afirmou que "são os insatisfeitos, como Rosário Fusco, que dão o passo à frente – para o tudo ou para o nada, de peito aberto enfrentando o 'dia do juízo'".[69] E Temístocles Linhares, anunciando Rosário Fusco como "alguém bastante dotado de senso das transformações operadas na sensibilidade do homem, dentro das fronteiras da alucinação e absurdo em que sua vida hoje se processa", conclui: "o livro é quase uma epopeia da miséria humana sem ostentação e mesmo sem grandeza. Mas o que se percebe é a acusação contra o estado social, muitas vezes irônica. É a história de alguns seres desbaratados num mundo também corrompido".[70]

Enfim, 60 anos após sua estreia no romance e 23 anos após sua morte, é publicado um de seus inéditos, *a.s.a. (associação dos solitários anônimos)*,[71] que Fábio Lucas recebeu com entusiasmo:

> ousado e divertido, este romance de Rosário Fusco merece o olhar da crítica contemporânea, distanciado do calor de sua presença e do dinamismo de sua personalidade. Temos uma narrativa de veloz andamento, polifacetada,

---

67 Fusco, Rosário. *Dia do Juízo*. Rio de Janeiro: José Olympio, 1961.

68 Moisés, Massaud. Dia do Juízo. *Correio da Manhã*, Rio de Janeiro, 27 jan. 1962, p. 9 (primeiro caderno).

69 Araújo, Laís Corrêa de. A imagem de Deus na obra de Rosário Fusco. *Revista de Cultura Vozes*, Petrópolis, ano 72, n. 2, mar.-abr. 1978, p. 28.

70 Linhares, Temístocles. Romance: safra nova. *Suplemento Literário. O Estado de S. Paulo*., São Paulo, 5 fev. 1962, p. 3.

71 Fusco, Rosário. *a.s.a. (associação dos solitários anônimos)*. Cotia: Ateliê, 2003.

> palmilhada de contradições, a explorar um recanto especial do cenário brasileiro: a marginalidade acumulada ao longo do cais. Um poliedro de inspiração suprarreal.[72]

Já Ronaldo Cagiano propõe a seguinte reflexão:

> Em *a.s.a.* Fusco aprofunda e radicaliza sua reflexão sobre um universo de sombras, aparências e angústias, em que protagonistas de um mundo cão (aqui nomeados como Fulano/a, Sicrano/a, Beltrano/a, Louro, Arquiteto, Alemão, Perneta, Mudo) constituem-se numa verdadeira representação da vida de gente sem rosto e sem lugar num tempo e numa geografia caricaturados pelo absurdo e pela perda de individualidade. São seres vivendo no limbo social e no underground psicológico, gente à beira-vida, portuários, habitantes de cortiços, cafetões, turistas do imponderável e da perplexidade. Enfim, são criaturas solitárias, desarticuladas, em conflito permanente, vivendo histórias que oscilam entre o absurdo e a alucinação, com seus degredos interiores e suas torturas cotidianas, buscando regurgitar fantasmas e absorver suas culpas e suas feridas existenciais.[73]

Estudando a obra e a vida de Rosário Fusco, Anthony Heden Machado tenta uma hipótese para compreender suas contradições. Segundo ele:

> antes de falar no político conformado ao regime, parece preferível falar que Fusco não fez obstrução alguma a utilizar todo seu conhecimento de leitor ou sua perícia de escritor para realçar e, às vezes, até mesmo alargar o Estado Novo, colocando-o bem além do que já eram as suas fronteiras.

---

[72] Lucas, Fábio. A volta de Rosário Fusco. *Jornal da UBE* (União Brasileira de Escritores), São Paulo, n. 104, ago. 2003, p. 24.

[73] Cagiano, Ronaldo. Quem tem medo de Rosário Fusco. *Rascunho*, Curitiba, n. 40, ago. 2002, p. 4.

> Nesse sentido, pode-se falar de Rosário Fusco como artista – acima de tudo – que incorporou o personagem [...]: um cínico, um histrião, um saltimbanco para quem a morte de deus [...] possibilita a incorporação ora de um papel, ora de outro, pois já reconhece que "para trás, para os lados, para a frente, em todas as direções" há de se continuar caindo continuamente; esse cinismo acaba contribuindo para uma redistribuição semântica ou, ao menos, para a possibilidade de mais de uma leitura desses escritos deixados por ele.[74]

Eu continuo preferindo uma explicação mais simples, mais humana. No plano político, era um oportunista. Fusco fez carreira ao longo da ditadura do Estado Novo, bajulando publicamente o presidente Getúlio Vargas e seus asseclas, embora ele descartasse veementemente qualquer vínculo com ideologias de viés fascista.[75] Com isso, conseguiu manter-se em evidência ao longo de pelo menos duas décadas, beneficiando-se de espaço nos jornais e revistas e fazendo circular seu nome (a data de seu aniversário era anunciada nas páginas dos jornais da época...). Se, em 1954, assinou lista pública em apoio à candidatura do crítico Mário Pedrosa a deputado federal pelo PSB, quatro anos depois assinou lista pública em apoio à candidatura de Murilo Miranda[76] a vereador do Distrito Federal pela UDN.

---

[74] Machado, *op. cit.*, p. 138.

[75] "Não tem nada de política na *Verde*. Um dia Joel da Silveira fez esta confusão: falou que nosso movimento era integralista. Disse que éramos, até certo ponto, 'precursores do integralismo'. Isto é uma mentira. [...] 'Verdeamarelo' como símbolos de nacionalismo andavam no ar, e há uma espécie de ecologia inespacial-intelectual ainda não pressentida ou estudada convenientemente. A verdade é que as ideias de um tempo se universalizam por contágio, não se sabe como e o porquê, assim como levam séculos para germinar" (Fusco, Rosário. *Verde* porque tudo era verde. *O Lince*, Juiz de Fora, ano 64, n. 1499, maio 1975. p. 1).

[76] Fundador e diretor da Revista Acadêmica, entre 1933 e 1948, importante veículo de divulgação da arte moderna brasileira.

Fusco foi ainda um entusiasta do Teatro Experimental do Negro,[77] a ponto de seu fundador, Abdias do Nascimento,[78] ter incluído a peça *Auto da noiva*, de 1947, na famosa antologia *Dramas para negros e prólogo para brancos*, publicada em 1961.[79] Segundo Arnaldo Nogari Júnior, a peça de Fusco

> revela não somente as iniquidades atentadas contra os negros brasileiros, mas destaca ainda a resistência dessa classe oprimida, a qual se dá através da luta e da afirmação de sua identidade de origem, representado em suas divindades e costumes.[80]

Pensando que a História separaria a incoerência política praticada pelo homem da coerência estética perseguida pelo escritor, Rosário Fusco afundou-se no pântano do esquecimento, de onde é muito difícil ser resgatado. Assim, sua obra, que é o que deveria interessar à crítica literária, fica injustamente relegada. Para terminar, um depoimento do próprio escritor, incoerente como foi toda a sua vida: "Pratiquei o romance como um exercício daquela regra moral: corrija em você o que notar nos outros. Isso é uma confissão de vaidade, que me alivia muito aliás".[81]

---

77 V. Fusco, Rosário. Filho pródigo no Teatro Negro. *Diário de Notícias*, Rio de Janeiro, 21 dez. 1947, p. 2 (suplemento).

78 Fundado em 1944, durou até 1961.

79 Nascimento, Abdias do. *Dramas para negros e prólogo para brancos*. Rio de Janeiro: Teatro Experimental do Negro, 1961, p. 127-158.

80 Nogari Júnior, Arnaldo. *TEN, Abdias do Nascimento e Rosário Fusco: a (re)construção da personagem negra no teatro negro brasileiro*. Dissertação (Mestrado) – Centro de Letras e Ciências Humanas, Universidade Estadual de Londrina. 2018, p. 165.

81 Fischer, Almeida. A crítica literária e o romance. *A Manhã*, Rio de Janeiro, 9 jun. 1946, p. 15. (Letras e Artes.)

Antologias

As antologias servem, de maneira geral, para evidenciar e consolidar nomes, e serão tanto mais significativas quanto maior a capacidade de apreensão do "espírito do tempo" demonstrada pelo responsável pela recolha dos autores. Ao fim e ao cabo, trata-se de um esforço para tornar canônicas as obras escolhidas, ou seja, para normatizar o gosto literário, baseado em interesses os mais diversos, sejam da sociedade, do mercado editorial ou de grupos, marginalizados ou não. Assim, eleito um "critério" (tema e região de origem aparecem com maior frequência), escritores sobejamente conhecidos são reunidos a outros em processo de reconhecimento, numa mistura que intenta avalizar estes pela respeitabilidade daqueles. Mesmo as seletas geracionais, que prescindem dessa mescla, necessitam, para serem aceitas, de um garantidor, que pode ser o autor de prestígio que assina a apresentação do livro, a editora que empresta crédito ao projeto ou o grupo que sustenta a ação.

A primeira antologia brasileira de contos de que tenho registro (excluídas aquelas de caráter eminentemente didático) curiosamente veio à luz em 1922, ano em que se realizava a Semana de Arte Moderna, em São Paulo. Trata-se de *Contos brasileiros*, uma edição de 404 páginas, publicada pela Livraria Garnier, do Rio de Janeiro, impressa na Bélgica, organizada pelos poetas Alberto de Oliveira e Jorge Jobim – este, hoje desconhecido, vem a ser o pai de um dos nossos maiores compositores de todos os tempos, Antônio Carlos Jobim. Vale a pena esmiuçar um pouco o *corpus* de 36 autores utilizado pelos antologistas para tentar compreender os interesses que nortearam suas preferências.

No prefácio, Alberto de Oliveira defende:

> o nosso conto literário ainda não tem história. Se não começou com Machado de Assis, firmou-se com ele, recebendo-lhe das mãos trato que nenhumas outras anteriormente lhe haviam dado e feição nova e característica dos temas e cuidado do estilo. // Desde *Histórias da meia-noite* às *Várias histórias* o grande prosador brasileiro se manifesta exímio neste gênero breve e difícil; cabe-lhe e à boa parte dos escritores que lhe seguem até nossos dias, a glória de haverem enriquecido a literatura nacional de algumas obras modeladoras deste caráter. Na maioria dos trabalhos desses autores a escola é francesa, como o é a do nosso romance e poesia; nota-se-lhes, entretanto, – e é agradável reconhecê-lo – o influxo emocional das coisas nossas e da alma do país, na observação dos costumes e linguajar da nossa gente e nas descrições de cenários da natureza.[1]

Algumas observações a respeito de política literária se fazem necessárias. Alberto de Oliveira, por ocasião do lançamento dessa antologia, já havia publicado a parte mais importante de sua obra e angariara consideração e carinho não só de seus pares, como também do público – basta lembrar que, dois anos depois, em 1924, seria eleito "Príncipe dos Poetas Brasileiros", em concurso da revista *Fon-Fon*. Ao juntar ao seu o nome do já então reverenciado Machado de Assis, único autor digno de menção no prefácio, Alberto de Oliveira amplifica o caráter canônico do livro e estabelece uma espécie de "padrão qualitativo" às suas opções.

---

[1] Oliveira, Alberto de; Jobim, Jorge (Orgs.). *Contos brasileiros*. Rio de Janeiro: Garnier, 1922, p. 3.

A relação entre os dois vinha de longe: Machado de Assis destaca Alberto de Oliveira em seu famoso ensaio "A nova geração", de 1879; prefacia seu segundo livro, *Meridionais*, cinco anos depois; e referenda sua participação como sócio fundador da Academia Brasileira de Letras, em 1897.

É importante notar que a Academia vivia um momento de solidificação de sua imagem como repositório oficial da cultura brasileira e para isso aproximava-se do poder instituído: em 1900, a Lei Eduardo Ramos autorizava o governo a dar instalação permanente à agremiação, o que ocorreu em 1904, com a cessão da ala direita do Silogeu Brasileiro, no Rio de Janeiro. Em 1917, o livreiro e editor Francisco Alves doou sua fortuna à instituição, quando os acadêmicos passaram a receber "gordos" jetons, nas palavras do romancista e ensaísta Afrânio Peixoto, para comparecer às reuniões.[2] Naquele ano mesmo de 1922, por sugestão de Peixoto, a França cedeu o pavilhão que representou o país na Exposição Internacional, comemorativa do Centenário da Independência, o chamado Petit Trianon, que se tornaria a primeira sede própria da ABL. Portanto, a publicação dessa antologia, assim como a lançada no ano anterior, nos mesmos moldes, reunindo poetas brasileiros,[3] fazia parte da estratégia de confirmar a Academia como órgão chancelador do cânone literário brasileiro: da lista de 36 autores, 21 pertenciam aos quadros da ABL – sem contar Gustavo Barroso e Viriato Correia, que seriam eleitos mais

---

2 Segundo o acadêmico, o governo dava uma subvenção à Academia desde sua fundação, "uma coisa insignificante", mas que aumentou substancialmente após a doação de Francisco Alves, o que o leva a lamentar que o jeton, "gordo como é hoje [1945], veio, porém, desvirtuar-lhe de certa maneira a finalidade" (Senna, Homero. *República das letras*: Entrevistas com 20 grandes escritores brasileiros. 3. ed. revista e ampliada. Rio de Janeiro: Civilização Brasileira, 1996. p. 86-87).

3 Oliveira, Alberto; Jobim, Jorge (Orgs.). *Poetas brasileiros*. Rio de Janeiro: Livraria Garnier, 1921.

tarde, em 1923 e 1938, respectivamente, e Júlia Lopes de Almeida, única mulher da lista, vítima da misoginia da Casa.[4]

Ao núcleo fundador da Academia pertenciam, além de Machado de Assis, Lúcio de Mendonça, Garcia Redondo, Artur de Azevedo, Aluísio Azevedo, José Veríssimo, Valentim Magalhães, Domício da Gama, Coelho Neto, Olavo Bilac, Rodrigo Octávio, Medeiros e Albuquerque, Graça Aranha e Magalhães Azeredo. Eleitos posteriormente foram: João Ribeiro, em 1898; Afonso Arinos, em 1901; Vicente de Carvalho, em 1909; Afrânio Peixoto e João do Rio, em 1910; Alcides Maia, em 1913, e Xavier Marques, em 1919. Doze não tinham ligação direta com a Academia: Felício Terra, Gonzaga Duque, Alcides Flávio, Virgílio Várzea, Alberto Rangel, Tomás Lopes, Veiga Miranda, Oscar Lopes, Monteiro Lobato, Roque Callage, Gastão Cruls e Hugo de Carvalho Ramos.

Destrinchando um pouco mais as "apostas" da dupla de antologistas, podemos constatar, independentemente da qualidade dos contos, que as escolhas que não obedeceram à necessidade primeira de exposição dos quadros titulares da Academia recaíram, em sua maioria, em nomes de projeção extraliterária na sociedade. Oscar Lopes, irmão de Tomás Lopes, vinha a ser o fundador da Sociedade de Homens de Letras do Brasil, que contou entre seus membros com vários acadêmicos; Veiga de Miranda era à época ministro (civil) da Marinha no governo Epitácio Pessoa; Monteiro Lobato celebrava o sucesso de vendas de seus livros (*Urupês*, *Cidades mortas* e *Negrinha*) e o êxito de sua carreira de empresário, como dono da prestigiosa *Revista do Brasil* e da editora que levava seu nome; Alberto Rangel alcançara projeção com a coletânea de contos *Inferno verde*, de 1908, apadrinhada com entusiasmo pelo aclamado acadêmico Euclides da Cunha; e os desconhecidos Felício Terra e Alcides Flávio eram os pseudônimos atrás dos

[4] V., neste livro, "Júlia", p. 31.

quais se escondiam dois eminentes médicos, Nuno Ferreira de Andrade e Antônio Fernandes Figueira, respectivamente.

Revelado o corporativismo que atendeu às preferências de Alberto de Oliveira e Jorge Jobim, é curioso perceber como o cânone de hoje absorveu essas escolhas.[5] Ao lado de uma maioria de escritores de segundo plano, houve os que se distinguiram e firmaram sua posição em outros gêneros que não o conto (os romancistas Aluísio Azevedo e Graça Aranha, os críticos José Veríssimo e João Ribeiro, os poetas Olavo Bilac e Vicente de Carvalho); os que, desprezados por décadas, encetaram uma aparente reascensão (João do Rio e Júlia Lopes de Almeida), e os diletantes, devidamente esquecidos. Assim, dos contistas efetivamente considerados importantes no desenvolvimento da história da literatura brasileira apenas sobraram Artur Azevedo, Afonso Arinos, Coelho Neto, Monteiro Lobato e Hugo de Carvalho Ramos, este talvez a aposta mais ousada e certeira da antologia.[6]

O leitor contemporâneo pode até estranhar a falta de um autor como J. Simões Lopes Neto nessa antologia, mas relevará quando atentar para o fato de que a produção do gaúcho, conhecida apenas regionalmente, só viria a ser valorizada mais tarde, a partir da década de 1940. Estapafúrdia, no entanto, é a ausência de Lima Barreto. Neste caso, Alberto de Oliveira e Jorge Jobim não podiam sequer alegar que ignoravam a existência do escritor carioca, já que, além de presença constante nas páginas dos jornais da cidade, vinha

---

[5] Não considero, por razões óbvias, a carreira de Machado de Assis.

[6] Embora seu único livro, *Tropas e boiadas*, publicado em 1917, tenha sido muito bem recebido pela crítica (escreveram sobre ele Antônio Torres, Medeiros e Albuquerque, Jackson de Figueiredo, entre outros, sempre com palavras de entusiasmo), Hugo de Carvalho Ramos, espírito melancólico, avesso à vida social, não era mais lembrado quando de sua morte, quatro anos depois (v. Ramos, Hugo de Carvalho. *Obras Completas*. São Paulo: Panorama, 1950).

publicando seus livros desde 1909, com bastante repercussão junto à crítica. Não bastasse isso, Lima Barreto havia se lançado, sem sucesso, à vaga de Emílio de Menezes na Academia Brasileira de Letras em 1919, afinal ganha por Humberto de Campos, e no ano seguinte concorrera, com o romance *Vida e morte de M. J. Gonzaga de Sá*, a um prêmio oferecido pela mesma Academia, obtendo apenas uma menção honrosa.[7] Claramente, a exclusão do escritor se deu não em função da qualidade de sua obra, mas por razões de política literária. O lugar de destaque que ocupa na literatura brasileira coroa a vitória da razão sobre o preconceito.

Passados vinte anos, vieram a lume duas novas contribuições para a construção do cânone da literatura brasileira, com caráter bastante distinto daquela tentativa de Alberto de Oliveira e Jorge Jobim. Agora, sob o impacto das transformações políticas promovidas pela Revolução de 1930, golpe civil-militar que havia contrariado os velhos interesses da oligarquia mineiro-paulista, e das transformações introduzidas pelas novas ideias estéticas, pensava-se o Brasil de maneira diversa. Exigia-se uma literatura mais "engajada" na discussão da identidade nacional, e menos "exótica", e para isso valorizava-se, nos autores antigos, o que de "moderno" pudessem ter.

Além disso, se os poetas até o fim da República Velha mantiveram-se em posição de destaque na sociedade, com poder de controlar a política literária ("a poesia era tida como o gênero social e intelectualmente mais rentável",[8] e não é à toa que Alberto de Oliveira emprestara seu prestígio à nossa primeira antologia de contos), agora cediam espaço para os ficcionistas, devido principalmente à consolidação do mercado

---

[7] V. Barbosa, Francisco de Assis. *A vida de Lima Barreto*. 8. ed. Rio de Janeiro: José Olympio, 2002. p. 288-291.

[8] Miceli, Sergio. *Intelectuais à Brasileira*. São Paulo: Companhia das Letras, 2001, p. 159.

editorial brasileiro, pois a literatura de ficção registrava "maior aceitação" do público, possibilitando uma comercialização mais segura do livro. Por outro lado, a crítica (mesmo que ainda formada basicamente por jornalistas especializados em literatura) assumia com mais empenho o papel de estabelecer os critérios de canonicidade dos autores.

Mudam-se os personagens: homens como Alberto de Oliveira, consagrado poeta, irretorquível em suas preferências aos 65 anos, idade que tinha quando organizou *Contos brasileiros*, dão lugar a jovens desconhecidos na tarefa de referendar autores e obras. Tem 28 anos, em 1942, Donatello Grieco, filho do irascível crítico Agrippino Grieco, ao publicar sua *Antologia de contos brasileiros*, pela Editora A Noite, do Rio de Janeiro;[9] também 28 anos tem Almiro Rolmes Barbosa e 32 anos Edgard Cavalheiro, quando lançam *Obras primas do conto brasileiro*, pela Editora Martins, de São Paulo, em 1943.

A recolha de Donatello Grieco é surpreendente, pois, de sua lista de 16 autores, alguns recém-publicados, a grande maioria manteria seu nome inscrito nos manuais de literatura futuros. Ao lado de Machado de Assis, sua opção, entre os que haviam estruturado uma carreira, recai sobre Artur de Azevedo, Afonso Arinos e João do Rio,[10] já mortos à época, e Alberto Rangel, Monteiro Lobato e Gastão Cruls, ainda vivos.

---

[9] Da edição não consta a data de publicação, mas sigo nota presente em: Coutinho, Afrânio; Sousa, J. Galante de. *Enciclopédia de literatura brasileira*. v. I. São Paulo; Rio de Janeiro: Global; Fundação Biblioteca Nacional; Academia Brasileira de Letras, 2001, p. 801. Há uma segunda edição, com o título *O livro de bolso dos contos brasileiros*. Rio de Janeiro: Edições de Ouro, 1964.

[10] Embora com toda razão o crítico Renato Cordeiro Gomes, em seu ensaio *João do Rio* (Rio de Janeiro: Agir, 2005. Coleção Nossos Clássicos), lembre o "quase esquecimento a que fora relegado" o autor, é interessante observar que, pelo menos até a década de 1950, inclusive, o nome de João do Rio aparece em quase todas as antologias.

Além disso, recupera três "esquecidos" – J. Simões Lopes Neto, Valdomiro Silveira[11] e Lima Barreto – e faz suas apostas em nomes "novos": Antônio de Alcântara Machado, já falecido; Mário de Andrade, Ribeiro Couto, Darcy Azambuja e Marques Rebelo, estes em plena atividade; e Octavio de Teffé.

Em relação à lista de Alberto de Oliveira, Donatello Grieco aceita apenas sete autores, eliminando todos aqueles execrados pelos primeiros modernistas como antiquados ou passadistas (Coelho Neto à frente, como símbolo a combater), os fundamentalmente romancistas, críticos literários e poetas, e os diletantes. Talvez cometa pelo menos um grande equívoco, quando, ignorando Júlia Lopes de Almeida e Hugo de Carvalho Ramos, inclui Octavio de Teffé, diplomata, irmão de Nair de Teffé, mulher do presidente Hermes da Fonseca, que sucumbirá sem deixar rastros como escritor. Entre os "novos", Alcântara Machado, prematuramente desaparecido, Darcy Azambuja, Ribeiro Couto e Mário de Andrade já desfrutavam de fama à época, principalmente em função do extenuante trabalho de divulgação e "catequização" realizado pelo último. Dos "novíssimos", Marques Rebelo, embora tenha estreado em 1931, com a coletânea *Oscarina*, em 1942 já havia publicado o essencial de sua obra, em contos e romances.

De natureza bastante diversa é a antologia *Obras primas do conto brasileiro*, surgida um ano depois da seleta de Donatello Grieco. Os organizadores, Almiro Rolmes Barbosa e Edgard Cavalheiro, partiram do resultado de um inquérito patrocinado pela *Revista Acadêmica*,[12] em 1938, que, ouvindo

---

11 A bem da verdade, Valdomiro Silveira, publicando contos esparsos em jornais desde 1894, só terá sua obra editada em livro a partir de 1920, com *Os caboclos*, seguido de *Nas serras e nas furnas* (1931), *Mixuangos* (1937) e *Leréias* (1945), este, póstumo.

12 Nascida de uma dissidência do jornal literário carioca *Dom Casmurro*, a *Revista Acadêmica* tirou 70 números entre 1933 e 1945, dirigida

"as figuras mais destacadas dos nossos círculos literários",[13] propunha-se a apurar quais eram os dez melhores contos brasileiros de todos os tempos.[14]

> Verificamos, porém, que dez contos seriam pouco, muito pouco para formar um panorama mais ou menos completo do conto brasileiro; mesmo porque inúmeros nomes foram significativamente votados e somente por acaso não ocuparam um dos dez lugares estabelecidos pelo regulamento do concurso.[15]

Então, ampliaram a lista para 28 trabalhos, acrescentando, por conta própria, duas fábulas populares, recolhidas por Barbosa Rodrigues e por Lindolfo Gomes, fato bastante significativo se lembrarmos que o momento era de busca de nossas raízes mais profundas.

Por outro lado, Barbosa e Cavalheiro constataram, surpresos, que "quase todos" os escritores divergiam dos entrevistados pela *Revista Acadêmica* quanto aos seus contos escolhidos, e, então, na antologia, foi dada preferência aos títulos apontados

---

por Murilo Miranda, Moacyr Werneck de Castro e Carlos Lacerda, tornando-se um bastião do Modernismo no Rio de Janeiro.

13 Participaram do inquérito: José Lins do Rego, Graciliano Ramos, Gastão Cruls, Valdemar Cavalcanti, Saul Borges Carneiro, Genolino Amado, Santa Rosa, Mário de Andrade, Vinícius de Morais, José Geraldo Vieira, Sérgio Buarque de Holanda, Murilo Mendes, Manuel Bandeira, Adalgisa Néri, Rubem Braga, Lucio Cardoso, Amando Fontes, Dias da Costa e Marques Rebelo.

14 "O inquérito interessa por vários motivos, principalmente porque vem prestigiar o gênero, fazendo uma seleção que um editor qualquer poderá aproveitar para um volume, o que torna a ideia mais prática ainda", sugeria o editorial da revista (*Revista Acadêmica*, Rio de Janeiro, n. 38, ago. 1938).

15 Barbosa, Almiro Rolmes; Cavalheiro, Edgard. *Obras primas do Conto Brasileiro*. 10ª ed. São Paulo: Martins, 1966, p. XII.

pelos próprios autores, o que amplia ainda mais o interesse pelo livro, tanto por parte dos pesquisadores quanto por parte do público em geral, que o transformou num grande sucesso editorial, haja vista as sucessivas edições tiradas entre os anos 1940 e 1960.[16] Prevendo contestações, os antologistas anotam um *habeas corpus* preventivo na introdução, "estamos vendo daqui os protestos pelas exclusões, não só de certos medalhões, como de inúmeros novíssimos", e, dando às costas aos primeiros, procuram tranquilizar os últimos, anunciando a organização de um novo volume "no qual procuraremos dar ao público a justa medida da importância desse grupo"[17] – e citam uma enfiada de 33 nomes, "entre outros".

Bem mais eclética que a interessadamente modernista de Donatello Grieco, a antologia de Barbosa e Cavalheiro contempla autores consensuais, como Afonso Arinos, Artur Azevedo, Hugo de Carvalho Ramos, João do Rio, Machado de Assis e Monteiro Lobato, junto a outros recém-reavaliados, como Lima Barreto, J. Simões Lopes Neto e Valdomiro Silveira. Inclui ainda escritores rebaixados pelos modernistas a segundo plano, como Júlia Lopes de Almeida, Gastão Cruls e Coelho Neto – além de José Veríssimo, que, embora tenha um lugar de honra reservado na literatura brasileira como crítico e historiador, não é mais cogitado como ficcionista. Entre os "novos", nomes consolidados como Antônio de Alcântara Machado, Mário de Andrade e Ribeiro Couto, e outros em ascensão, como Aníbal M. Machado, Graciliano Ramos, João Alphonsus, Orígenes Lessa e Marques Rebelo. E, completando a lista, alguns autores que pouco ou nada nos dizem hoje, como Amadeu de Queiroz, Afonso Schmidt, Peregrino Junior, Ernani Fornari e Luís Jardim.

---

[16] Foram 10 edições, a saber: 1943, 1947, 1950, 1952, 1954, 1955, 1957, 1962, 1964 e 1966.

[17] Parece, no entanto, que esse novo volume não chegou a ser publicado.

Não é de estranhar a presença desses últimos nomes, se lembrarmos o caráter abrangente do "círculo literário" que aceitou participar do inquérito da *Revista Acadêmica*. Só para termos uma ideia das ainda não muito claras referências do gosto estético vigente à época, tomemos a surpreendente resposta do "Papa do Modernismo", Mário de Andrade, ao questionário.[18] Enquanto a maioria de seus colegas optou por seguir à risca a sugestão da revista, citando a dezena de contos preferidos, Mário de Andrade anotou, em sua resposta, que "os dez melhores contos da literatura brasileira são, pelo menos, duas dúzias",[19] arrolando 23 títulos de 21 autores diferentes (Machado de Assis comparece com três histórias e o 24º lugar é deixado em aberto como "vaga para o conto desconhecido", uma maneira elegante de lembrar-se sem incluir-se).[20] Eis a listagem, "sem ordem de preferência":[21]

1 - "Pedro Barqueiro", de Afonso Arinos
2 - "Meu sósia", de Gastão Cruls
3 - "O plebiscito", de Artur Azevedo
4 - "Oscarina", de Marques Rebelo
5 - "O enfermeiro", de Machado de Assis
6 - "O alienista", de Machado de Assis

[18] Mário de Andrade comentaria o inquérito da *Revista Acadêmica* em artigo intitulado "Contos e contistas", publicado em 13 de setembro de 1938 e reproduzido em *O empalhador de passarinho* (primeira edição em 1944). Nele, formula a célebre definição: "[...] será conto aquilo que seu autor batizou com o nome de conto" (Andrade, Mário de. *O empalhador de passarinho*. São Paulo; Brasília: Martins; INL, 1972, p. 5).

[19] Andrade, Mário de, *Revista Acadêmica*, Rio de Janeiro, n. 38, ago. 1938. Reproduzida em *Mário de Andrade. Entrevistas e depoimentos*. Org. Telê Porto Ancona Lopes. São Paulo: T.A. Queiroz, 1983, p. 54.

[20] Contos de Mário de Andrade aparecem em 70% das listas publicadas. O escolhido para figurar na antologia *Obras primas do conto brasileiro* foi "Nízia Figueira, sua criada".

[21] Há diferenças de grafia em relação a nomes de autores e títulos dos contos.

7 - "A causa secreta", de Machado de Assis
8 - "Quero-quero", de Roque Callage
9 - "Galinha cega", de João Alphonsus
10 - "Gaetaninho", de Antônio de Alcântara Machado
11 - "Chô pan!", de Monteiro Lobato
12 - "O bebê de tarlatana rosa", de João do Rio
13 - "O enterro de seu Ernesto", de Rodrigo Melo Franco de Andrade
14 - (Não me lembro o nome do conto), de Darcy Azambuja
15 - (Não me lembro o nome do conto), de Valdomiro Silveira
16 - "A nova Califórnia", de Lima Barreto
17 - "O 1º conto de *Tropas e boiadas*", de Hugo de Carvalho Ramos
18 - "Boi velho", de J. Simões Lopes Neto
19 - "Baianinha", de Ribeiro Couto
20 - "Aquele conto dos dois irmãos na *Noite na taverna*", de Álvares de Azevedo
21 - "Bazar Colosso", de Prudente de Morais, neto
22 - "Ritinha", de Leo Vaz
23 - "A mulher que pecou", de Menotti del Picchia
24 - (Vaga para o conto desconhecido)[22]

Dos 23 textos, 19 são claramente nomeados e dois de fácil inferência (basta uma rápida consulta para descobrir que "o 1º conto de *Tropas e boiadas*" e "aquele conto dos dois irmãos na *Noite na taverna*" são "Caminho das tropas" e "Johann", respectivamente). No entanto, dois dos contos "claramente nomeados" são de custosa identificação, por razões bastante diversas: "Chô pan!" e "Bazar Colosso". "Chô pan!", de Monteiro Lobato, não aparece em nenhuma bibliografia contemporânea do autor. Publicado originalmente em *Urupês* como "Chóóó! Pan!" em 1918, foi reeditado com este nome

[22] Com essa lista, organizei a antologia *Mário de Andrade. Seus contos preferidos*. Rio de Janeiro: Tinta Negra, 2011.

até pelo menos 1923. Em 1935, ressurge em *Contos pesados*[23] com o título de "A vingança da peroba", com o qual passará a ser conhecido em definitivo a partir da edição de 1937 de *Urupês*.[24] Portanto, é bem possível que, em 1938, Mário não tivesse conhecimento dessa modificação.[25]

Já com relação a "Bazar Colosso" – também citado na listagem de Sérgio Buarque de Holanda –, Prudente de Moraes, neto, embora tenha tido uma importante atuação na fase heroica do modernismo, a década de 1920, não deixou nenhum livro publicado. O registro de sua exígua obra em prosa encontra-se espalhado pelos periódicos da época[26] – e sua também parca produção poética (18 poemas) encontra-se recolhida na *Antologia de poetas brasileiros bissextos contemporâneos*, organizada por Manuel Bandeira e publicada em 1946.[27] O problema é

---

23 Sob este título, Lobato reuniu, em "edição definitiva", os contos de *Urupês*, *Negrinha* e *O macaco que se fez homem*. O outro volume, *Contos leves*, incorporava textos de *Cidades mortas*, *Literatura do minarete* e *No meio do caminho*.

24 V. Martins, Milena Ribeiro. *Lobato edita Lobato: História das edições dos contos lobatianos*. Tese (Doutorado em Teoria e História Literária) – Universidade Estadual de Campinas, Campinas, 2003.

25 "Chô pan!" esteve entre os mais votados ao fim do inquérito patrocinado pela *Revista Acadêmica*. No entanto, quando foram organizar a antologia, Barbosa e Cavalheiro tiveram uma surpresa: o autor, Monteiro Lobato, discordou da escolha, e no livro optou-se por publicar outro título, "Colcha de retalhos" (Barbosa; Cavalheiro, *op. cit.*, p. XIII).

26 Além de constar, com "Bazar Colosso", da lista de Mário de Andrade e de Sérgio Buarque de Holanda, Prudente de Moraes, neto, aparece também na de Vinicius de Moraes, com dois contos "inéditos": "Carlota" e "Moleque Lourival".

27 Assim Manuel Bandeira apresenta o escritor: "Pedro Dantas é o pseudônimo literário adotado desde 1928 por Prudente de Moraes, neto. [...] Começou a carreira literária fundando em 1924, com Sérgio Buarque de Holanda, a revista *Estética*, a qual exerceu grande influência no movimento modernista. Colaborou nas melhores revistas de vanguarda

que nem Mário nem Sérgio Buarque deixaram qualquer pista sobre onde o conto teria sido publicado originalmente – após alguma pesquisa, descobri-o na *Revista Nova*,[28] assinado sob o pseudônimo Pedro Dantas.[29] Restaram ainda dois contos, de cujos títulos Mário de Andrade afirma não se lembrar: um de Darcy Azambuja, outro de Valdomiro Silveira. Em *Obras-primas do conto brasileiro*, eles comparecem com as narrativas "Truque" e "Contrabando", respectivamente.

Vistas a partir de hoje, algumas das preferências apontadas por Mário de Andrade podem soar estranhas, mas estão perfeitamente contextualizadas àquele momento.[30] Afora Machado de Assis, já indiscutivelmente canônico em 1938,

---

e na revista *A Ordem* manteve durante algum tempo uma seção de crítica de poesia. Por encomenda do Ministério das Relações Exteriores escreveu uma excelente memória sobre o romance brasileiro. Nunca publicou livro, e a sua obra de poeta, contista e ensaísta jaz quase toda inédita" (Bandeira, Manuel. *Antologia de poetas brasileiros bissextos contemporâneos*. 3. ed. Rio de Janeiro: Edições de Ouro, 1966, p. 203).

[28] A *Revista Nova*, fundada e dirigida por Paulo Prado, Mário de Andrade e Antônio de Alcântara Machado, em São Paulo, publicou 10 números, entre 15 de março de 1931 e 15 de dezembro de 1932.

[29] Dantas, Pedro. Bazar Colosso. *Revista Nova*, São Paulo, ano 1, n. 1, 15 mar. 1931, p. 80-101.

[30] Há várias aproximações possíveis para tentar compreender as preferências de Mário de Andrade – ofereço uma, agrupando os contos escolhidos em três grandes eixos temático-formais:
1) Oito histórias que têm como cenário o mundo rural e como fulcro a tragédia: "Boi velho", de J. Simões Lopes Neto; "Pedro barqueiro", de Afonso Arinos; "Camunhengue", de Valdomiro Silveira; "A vingança da peroba", de Monteiro Lobato; "Quero-quero", de Roque Callage; "Ritinha", de Léo Vaz; "Caminho das tropas", de Hugo de Carvalho Ramos e "Contrabando", de Darcy Azambuja.
2) Sete histórias em que emerge o insólito, o incomum, o estranho: "Johann", de Álvares de Azevedo; "O alienista", "O enfermeiro" e "A causa secreta", de Machado de Assis; "O bebê de tarlatana rosa", de João do Rio; "A Nova Califórnia", de Lima Barreto; e "Meu sósia", de Gastão Cruls.

lembrado por quase todos os participantes do inquérito, a maioria de suas escolhas coincide com as listas dos colegas. Assim, Monteiro Lobato, por exemplo, com quem os modernistas tiveram embates terríveis na década de 1920, é citado quase tantas vezes quanto Machado de Assis. Também João do Rio e Lima Barreto são nomes frequentes nas listagens – curiosamente, os dois autores seriam resgatados no século XXI do ostracismo a que estiveram relegados durante boa parte da segunda metade do século XX.

Do rol de Mário, encontram-se ainda, entre os mais mencionados no inquérito, Artur Azevedo, J. Simões Lopes Neto, Afonso Arinos, Gastão Cruls, Hugo de Carvalho Ramos, Ribeiro Couto, Alcântara Machado, João Alphonsus, Marques Rebelo e Valdomiro Silveira – todos, à exceção de Cruls,[31] nomes incorporados à história da literatura brasileira. As suas opções mais "extravagantes" se resumem a Prudente de Moraes, neto,

---

3) Oito histórias urbanas, que tratam dos pequenos dramas da vida miúda: "Plebiscito", de Artur Azevedo; "A mulher que pecou", de Menotti del Picchia; "O enterro do seu Ernesto", de Rodrigo M. F. de Andrade; "Baianinha", de Ribeiro Couto; "Gaetaninho", de Alcântara Machado; "Galinha cega", de João Alphonsus; "Bazar Colosso", de Prudente de Morais, neto; e "Oscarina", de Marques Rebelo.

Estes três eixos temático-formais, de alguma maneira, estão presentes no horizonte das preocupações de Mário de Andrade: o primeiro, o mundo rural, o Brasil profundo, em suas pesquisas sobre folclore e cultura popular e, também, em *Macunaíma*; o segundo, o incomum, em seu romance *Amar, verbo intransitivo*; e o terceiro, a vida ordinária, mote da maioria de seus contos.

[31] Singular o caso de Gastão Cruls. Filho do eminente cientista belga Luis Cruls (astrônomo e explorador), aparece em todas as antologias de contos da primeira metade do século XX, sempre com destaque para sua obra, composta por romances (*Amazônia misteriosa*, 1925; *Elsa e Helena*, 1927) e contos (*Coivara*, 1910; *Ao embalo da rede*, 1923; *História puxa história*, 1938). A partir da década de 1960, seu nome vai desaparecendo, até mergulhar no mais profundo anonimato.

Darcy Azambuja, Roque Callage[32] e Léo Vaz.[33] Rodrigo M. F. de Andrade, embora autor de um único livro, *Velórios*, de 1936, é reconhecido como cultor de obras-primas, enquanto Menotti del Picchia tem seu lugar como poeta modernista de primeira hora.[34]

Encerro este apanhado com a antologia mais eclética e, pelo menos para mim, mais interessante já organizada, *Contos e novelas*, hercúleo esforço de Graciliano Ramos, apenas lançado postumamente em 1957, mas cuja existência remonta a meados dos anos 1940, como mostra esta nota, publicada no jornal *A Manhã*, em 1946: "Graciliano Ramos acaba de organizar um volumoso livro de contos brasileiros, representados pelas figuras mais expressivas das diferentes regiões do país".[35] Em entrevista a Otto Maria Carpeaux, em 1949, Graciliano relatava: "Há uns tempos andei estudando aquilo que se chama conto brasileiro. Sérgio Buarque de Holanda abriu-me com a maior gentileza os, digamos, tesouros da Biblioteca Nacional. Passei lá três meses, folheando velhas revistas e jornais".[36]

Dois meses após sua morte, em 1953, R. Magalhães Junior relembrava que "nas últimas oportunidades em que me encontrei com Graciliano Ramos [...] falou-me ele de uma

---

32 Autor hoje esquecido, mesmo entre os "regionalistas" gaúchos, publicou várias coletâneas de contos, entre elas *Escombros* (1910), *Terra gaúcha* (1914) e *Quero-quero* (1927).

33 Jornalista e escritor, publicou, entre outros, *O professor Jeremias* (1920), romance, e *Ritinha e outros casos* (1923), além de *O burrico Lúcio* (1951).

34 O poeta Álvares de Azevedo, também iniciador do conto entre nós, com *Noite na taverna*, não teve seu nome lembrado por ninguém além de Mário de Andrade. Talvez, arrisco uma hipótese, por os autores à época não reconhecerem, em sua prosa atemporal, anespacial e alucinada, os verdadeiros traços de "conto brasileiro".

35 Graciliano Ramos lançará um livro de contos brasileiros. *A Manhã*, Rio de Janeiro, 14 jul. 1946, p. 2 (Letras e Artes).

36 Ramos, Graciliano; Carpeaux, Otto Maria. Obras-primas desconhecidas do conto brasileiro. *Folha da Manhã*, São Paulo, 15 maio 1949.

obra que até hoje está à espera de publicação: a sua grande antologia do conto brasileiro":

> Teve Graciliano a ideia de reunir o que melhor se publicou no Brasil neste gênero, tão desprezado e pouco compensador, e fez uma coleta de cerca de cento e vinte trabalhos – material para dois ou três grossos volumes – entregando-os à seção editora da Casa do Estudante do Brasil. Entretanto, a Casa do Estudante não teve os recursos necessários para fazer a edição de obra tão volumosa. Prendeu os originais, durante anos, por ter dado um adiantamento, em dinheiro, ao escritor. E afinal não sei se os restituiu, entrando em acordo com Graciliano, que queria negociar a antologia com outros editores.

Mais à frente, Magalhães Júnior continuava: "Leu Graciliano centenas de livros de contos. Leu com espírito crítico – e todos sabem quanto ele era difícil de contentar, seco, sóbrio, avesso a fazer cumprimentos. Considero, por isso mesmo, interessantíssima a obra por ele realizada". E terminava perguntando: "Que terá sido feito dos originais? Por onde andarão? E com quem?".[37]

A resposta à sua pergunta ainda demoraria mais quatro anos para ser conhecida: a publicação do livro, afinal, em 1957, pela própria Casa do Estudante do Brasil, em três volumes, encerrando 100 contos ("Minsk", de Graciliano, incluído), distribuídos em 870 páginas. Exigente, Graciliano reclamava, "quanta coisa obsoleta, quanta besteira!", e assegurava a Carpeaux que nunca houve, à exceção de Machado de Assis, grandes contistas no Brasil: "Apenas houve indivíduos que escreveram, acidentalmente, um ou outro conto bom". E argumentava:

> Posso citar "Os Demônios", de Aluízio Azevedo; alguns do velho Afonso Arinos, como, por exemplo, "Joaquim Mironga"; depois, "Duelo de farrapos" e mais um ou dois de Simões

[37] Júnior, Magalhães. Graciliano e o conto brasileiro. *Diário de Notícias*, Rio de Janeiro, 22 mar. 1953, p. 3 (Primeira seção).

> Lopes Neto. Os chamados contos de Artur de Azevedo são apenas crônicas bastante frívolas. Mas João Ribeiro poderia ter sido autêntico contista como se revela na "Floresta de exemplos". // João Alphonsus tem boas coisas: "Sardanapalo", "Noite de conselheiro". Entre os vivos, aprecio muito a arte de Marques Rebelo, arte de transformar em delicado e delicioso lirismo as safadezas da canalha carioca. Os contos de Marques são muito melhores do que as afamadas histórias de Lima Barreto.

Questionado sobre esta última afirmativa, Graciliano Ramos "perde a paciência":

> Digo a você que Lima Barreto, que era muito mais sincero do que Machado, não presta. Digo mais que todos os outros contistas brasileiros não prestam. Alcides Maya é fraco. Coelho Neto é uma droga. Do Alcântara Machado perdoam-se algumas páginas, talvez "Carmela", mas o resto não vale nada. Os contos de Mário de Andrade são ruins como os diabos.

No entanto, ao final da entrevista, confessa que havia feito "algumas descobertas":

> Raul Pompéia (não gosto, aliás, do *Ateneu*!), tem um conto muito bom, "O tílburi de praça". Os contos de Medeiros e Albuquerque, em geral, não prestam, mas "O ratinho tique-taque" é excelente. Do Mário de Alencar descobri um conto notável, "Coração de velho". Outro esquecido, Domício da Gama, tem só um conto bom, mas é realmente bom e se chama isso mesmo: "Só". E quem conhece os contos de Alberto de Oliveira? Quem já leu "Os brincos de Sara"? Pois eu li e gostei.[38]

O critério de Graciliano Ramos para organizar as narrativas que compõem *Contos e novelas* obedeceu a esta lógica: desenterrar contos bons de escritores que os compuseram acidentalmente.

---

[38] Ramos; Carpeaux, *op. cit.*

Assim, no prefácio, explica que a coletânea, encomendada pela editora, poderia ser realizada de uma forma simples:

> Na obrigação de publicar um livro, antes expor coisa lida, mais ou menos julgada, que exibir composição nova. A dificuldade não seria grande: resignar-me-ia a colecionar, dócil, o que outros colecionaram – e numa quinzena a tarefa estaria concluída. Fiar-me-ia em juízos presumivelmente seguros; isto me livraria de esforços e complicações.

Mas, ele preferiu "abandonar tutelas":

> Resolvi ler o que, em ficção miúda, apareceu no Brasil no fim do século passado e neste meio século. [...] Gramei numerosos livros, folheei revistas e jornais velhos, encafuei-me dois meses na Academia de Letras, por favor de Rodrigo Otávio Filho, outros dois na Biblioteca Nacional, chateando à sombra de Sérgio Buarque de Holanda. Proporcionaram-me nesta última casa uma estante e uma funcionária de boas entranhas que me trazia diariamente aquelas gavetinhas de ferro, insidiosas. Achei cinco ou seis contos magníficos, hoje esquecidos. Pareceu-me conveniente reeditá-los. // Não fiz seleção rigorosa. Exibi o que julguei representativo de um lugar, de uma época, de uma escola.[39]

Graciliano dividiu os contos por regiões, seguindo a nomenclatura oficial, que em 1950 classificava o Brasil em Norte (Amazonas e Pará, e os territórios do Acre, Amapá, Roraima e Guaporé – atual Rondônia), Nordeste (Maranhão, Piauí, Ceará, Rio Grande do Norte, Paraíba, Pernambuco e Alagoas), Leste (Sergipe, Bahia, Espírito Santo, Rio de Janeiro, Distrito Federal e Minas Gerais), Sul (São Paulo, Paraná, Santa Catarina e Rio Grande do Sul) e Centro-Oeste (Mato Grosso e Goiás). Os três

[39] Ramos, Graciliano. *Contos e novelas. Primeiro volume – Norte e Nordeste.* Rio de Janeiro: Casa do Estudante do Brasil, 1957.

volumes ficaram, então, assim distribuídos: Norte e Nordeste, com 33 contos; Leste, com 36; e Sul e Centro-Oeste, com 31. De todos os estados – excetuando os territórios –, Graciliano lamentava só não ter conseguido recolher trabalhos no Amazonas e Mato Grosso: "do resto do país vão novidades e velharias".

Em todos os três volumes encontramos:

- Os autores, eminentes contistas, que se mantiveram na história da literatura: Machado de Assis, Afonso Arinos, J. Simões Lopes Neto, Valdomiro Silveira, Hugo de Carvalho Ramos, Coelho Neto, Lima Barreto, João do Rio, Monteiro Lobato, Alcântara Machado, Mário de Andrade, Marques Rebelo, João Alphonsus;

- Há os que, em certa época, desfrutaram de prestígio: Pedro Rabelo, Mário de Alencar, Magalhães de Azeredo, Alcides Maya, Medeiros e Albuquerque, Xavier Marques, Viriato Correia, Humberto de Campos, Domício da Gama, Peregrino Junior, Alberto Rangel, Mário Sette, Godofredo Rangel, Orígenes Lessa, Ribeiro Couto, Darcy Azambuja, Gastão Cruls, Rodrigo M.F. de Andrade, Miécio Táti, Luís Jardim, Osvaldo Alves, Lia Correia Dutra;

- Há os que ficaram na história literária, mas destacados em outros gêneros, como Aluízio Azevedo, Raul Pompeia, Rachel de Queiroz, José Geraldo Vieira, Dyonélio Machado, Erico Veríssimo (romance), Eneida de Morais, Rubem Braga, Elsie Lessa (crônica), João Ribeiro, José Veríssimo, Nestor Vitor, Herman Lima, R. Magalhães Junior, Sérgio Buarque de Holanda (historiografia literária), Aurélio Buarque de Holanda Ferreira (etimologia); Artur Azevedo, França Junior, Guilherme Figueiredo, Francisco Pereira da Silva, José Carlos Cavalcante Borges (dramaturgia); Alberto de Oliveira, Luís Guimarães Junior, Augusto Meyer, Carlos Drummond de Andrade (poesia), Joel Silveira, Nair Lacerda (jornalismo), Amaral Gurgel (radionovelas) e Brasilio Itiberê (compositor).

- Há os que eram figuras importantes, como Múcio Leão, diretor do suplemento "Letras e Artes", do jornal *A Manhã*, que dominou o cenário literário brasileiro, entre 1941 e 1950, e outros que se tornariam importantes, em campos diversos, como o criminalista Humberto Teles;

- Há os que morreram prematuramente, e que ficaram, portanto, em promessa, como Cordeiro de Andrade e Carlos Paurílio;

- Há o resgate de um autor importante, Inglês de Souza, grande contista do fim do século XIX, que havia praticamente desaparecido;

- Há as jovens apostas: Dias da Costa, que estreara em 1939, com *Canção do beco*; Francisco Inácio Peixoto, em 1940, com *Dona Flor*; Fernando Sabino, em 1941, com *Os grilos não cantam mais*; Murilo Rubião, em 1943, com *O ex-mágico*; Breno Accioly e Bernardo Elis, em 1944, com *João Urso* e *Ermos e gerais*, respectivamente; Aníbal Machado, em 1944, com *Vila feliz*; Moreira Campos, em 1949, com *Vidas marginais*; Guimarães Rosa, com *Sagarana*,[40] em 1946.

---

[40] Vale a pena relembrar que Graciliano foi, de certa forma, responsável pela estreia tardia de Guimarães Rosa. Conta ele que, em 1938, participando do júri do Prêmio Humberto de Campos, patrocinado pela Livraria e Editora José Olympio, chegaram, no final, a um impasse. Graciliano e Dias da Costa escolheram *Maria Perigosa*, de Luís Jardim, para o primeiro lugar, enquanto Prudente de Morais, neto, e Marques Rebelo, escolheram um "cartapácio de quinhentas páginas grandes" enfeixando "doze contos enormes, assinados por certo Viator" – o voto de Minerva, dado em favor do livro de Luís Jardim, coube a Peregrino Junior. Em 1944, Graciliano encontrou-se com Guimarães Rosa, que lembrou-o de que havia votado contra seu livro. "Achando-me diante de uma inteligência livre de mesquinhez, estendi-me sobre os defeitos do livro que guardara de memória. Rosa concordou comigo. Havia suprimido os contos mais fracos. E emendara os restantes, vagaroso, alheio aos futuros leitores e à crítica". O livro, *Sagarana*, finalmente foi publicado em 1946, oito anos depois portanto de ter perdido o concurso. Comenta Graciliano: "A arte de Rosa é terrivelmente difícil. Esse antimodernista repele o improviso. Com imenso esforço escolhe palavras simples e nos dá a impressão de vida numa nesga de caatinga,

- Há os que, pouco conhecidos ou desconhecidos à época, desconhecidos permaneceram: Raimundo Magalhães (pai de R. Magalhães Junior), Humberto Peregrino, Milton Pedrosa, Melo Lima, José Maria dos Santos, José de Morais Rocha, Luís Augusto de Medeiros, Tristão da Cunha, Urbano Duarte, Léonie Tolipan, Otávio Dias Leite, Leo Vaz, Cacy Cordovil, Helena Silveira, Virgílio Várzea, Ernani Fornari, Telmo Vergara, Miroel Silveira, Lucia Benedetti, Francisco de Marchi, B. Rocha.

- E até mesmo uma curiosidade, um conto de Sérgio Buarque de Holanda, "A viagem a Nápoles", talvez como forma de agradecimento pela ajuda que este deu a Graciliano, franqueando-lhe a Biblioteca Nacional.[41]

A partir da década de 1950, as antologias de contos iriam ganhar fôlego e se multiplicar, defendendo posições de grupos, etnias e gêneros, até tornarem-se quase onipresentes no mercado editorial. Para além de proporcionar ao público a possibilidade de tomar conhecimento das inclinações estéticas de vários autores num único livro – numa espécie de "degustação literária" que o encaminha para um banquete posterior –, esse tipo de livro continua sendo um dos mais importantes e eficazes meios de fazer política literária.

■ Versões deste texto foram publicadas anteriormente em:

Rascunho, Curitiba, n. 97, maio 2008, p. 11. e n. 98, jun. 2008, p. 11.

As escolhas de Mário de Andrade. In: *Mário de Andrade: Seus contos preferidos*. Rio de Janeiro: Tinta Negra, 2011. p. 7-13.

---

num gesto de caboclo, uma conversa cheia de provérbios matutos". Ramos, Graciliano. Conversa de bastidores. In: *Linhas tortas*. 3. ed. Rio de Janeiro: Record; São Paulo: Martins, [s.d.]. p. 246-249.

41 "Viagem a Nápoles" foi publicado originalmente na *Revista Nova*, São Paulo, ano 1, n. 4, 15 dez. 1931. p. 595-615.

Este livro foi composto com tipografia Adobe Garamond Pro
e impresso em papel Off-White 70 g/m² na Formato Artes Gráficas.